人生に成功したい人が読む本

斎藤一人

PHP文庫

○本表紙図柄＝ロゼッタ・ストーン（大英博物館蔵）
○本表紙デザイン＋紋章＝上田晃郷

はじめに

この本は、東京・新小岩にある、「ひとりさんファンの集まるお店」に集《つど》った、これからの人生に成功をしたい若者たちに向かって、納税額日本一の実業家・斎藤一人さんが話したことを活字に起こしたものです。

できるだけ、その場の雰囲気をリアルに、一人さんの「成功してもらいたい」「しあわせになって欲しい」という思いをストレートに伝えることを、第一義といたしております。

明日の夢を描く若者たちと一人さんが織りなす、魂のセッションに、読者のみなさまも、いっしょに参加しているつもりになって、どうぞ楽しんでお読みください。

人生に成功したい人が読む本

目次

第1章
今ここに燃えて生きよう！夢描き歩こう、成功の道

第2章 世間の声を聞くか、神の声を聞くか

第3章

欲と勇気と、挑戦と

第4章 ナメられない生きかた

第1章

今ここに燃えて生きよう！
夢描き歩こう、成功の道

運命の分かれ道、成功率五％!?

昔から、一人さんは、言ってるんだけど。

なにを思うかで、人生って、ぜんぜん変わっちゃうんだよ。

いつも、つまらないことを考えてると、「世の中、つまんないよな」と言っちゃうようなことが起きるしね。

逆に、楽しい人生の人は、いつも楽しいことを考えてる。

不幸な人は、全力をあげて不幸な考えをしてるんだよ。

成功者は、実に成功者らしい考えをしてる。

じゃあ、成功者らしい考えって、どういう考えですか？

これは人から聞いた話なんだけれど。

たとえば、新しい店が一年間で一〇〇軒、できるとする。

そのうち、十年後も残ってるのはいくつかというと、五軒ぐらいらしいんだ。

「厳しいですね」と言う人の目から見ると、確かに厳しい世界だよ。だけど、成功する人は、それを聞いてもワクワクしてるんだよ、血湧き肉躍る、というか。

ちなみに、一人さんの場合はどうかというと。

納税額日本一というのは、一億二〇〇〇万人のなかの、たったひとり。

この確率の低さに比べると、一〇〇軒のうちの五軒って、スゴい成功率が高い。だから、うれしくってしょうがないんだよ（笑）。

「一〇〇のうち、ハズレが九五個もあるなんて！」と思ってる人はウマくいかない、それ以前に商売はできないんです。

成功者は「ハズレ馬券が多くなればなるほど、当たったときの儲けはデカいんだゾ」とか思ってワクワクしてる。わかりますか？　仕事がウマくいく人というのは、「一〇〇に五つしか残れない」と言われたぐらいでマイッタしないんだよ。

「一発当てて家を買うぞ！」とか、「儲かったら外車を買って、いい女を隣に乗せて」とか、欲を燃やしながら、タッタ、タッタと行動する。だけど、その間も、自分の知らないうちに、脳はぐるぐる、ぐるぐる勝手に働いてるんです。

そして、やりながら、ある日、「ポン！」とアイディアが出る。

そうすると、思いついたアイディアをやって、思った通りにいかないことも、当然あるんだよ。だけど、ウマくいかないことがあったときは、「このやりかたでは成功しないことがわかってよかった、ついてるな、次は、他の方法を試してみよう」と考えるんだよ。

そうすると、必ず成功する答えが見つかる、そういうふうになってる。

自分には、どうしたって、答えを出せないような気がするんです――あなたが出せなくったっていい。脳にまかせておけば勝手にやってくれるから、いいんです。

知ってる人もいると思うけど、「牽引《けんいん》の法則」というのがあるんだよ。

人間の脳には、コンピュータを凌駕《りようが》する、ものスゴい力がある。自分が思ってることを引き寄せる力をもってる。いいことでも、よくないことでも、思ってることはなんでも実現しちゃうんだよ。だから、「自分にはできないけど、脳にはできる！」。そうやって、自分の脳にいい聞かせるの。

そしたら、本当に脳にはできる（＊編集部註　くわしくは、『成功脳』KKロングセラーズ刊）。

だからアイディアが出たら、とっとと、それが正しいかどうか試す。

成功というのは、これの繰り返しをしていればいい、それだけなの。

成功する人と、途中で止める人との違い

仕事はね、みんなが思うほど難しくない。世の中は意外と甘いの。

本当だよ、世間をよく見てごらん。

たいていの人は、とくべつ、本を読んで勉強するとか、そんなに努力していないよ。学生時代、散々勉強してた人間だって、社会に出るとなぜかピタッと勉強を止めちゃうんだよ。そういう人でも、社長をやってたり、管理職だったりする。いや、全員が勉強しないんじゃないんだよ。でもね、ほとんどの人がやらないから、社会に出てからも勉強してるとゴボウ抜きなんだよ。

それで、お楽しみはこれからなんだよ。

キミがゴボウ抜きしちゃった、と。

すると、今度は勝ち組同士の競争に入っていく。

この勝ち組というのが、成功するとすぐゴルフにハマったり、女性にのめり込んで、仕事をしなくなるんだよ。上に行けば行くほど、「この程度でいいや」みたいな感覚におちいる人が増えてくるの。まだまだ上にあがれるのに、ゴールにたどりついたんだと、カン違いしちゃってるみたいなんだよ。

オレがなにを言わんとしてるか、わかるかい？

そうだ、ゴボウ抜きしたあとも勉強を続けてれば、キミらはスーッと、もう一つ上に行けちゃうんだよ。

そうすると、次の、もう一つ上の、成功者同士の競争になる。

ところが、人間というのは、一つの目標をクリアしたあと新しい目標を見出せないと、段々、段々、やる気がなくなってくるんだよ。

な、勉強を続けてるヤツにとっては、お得な、いい話じゃないか（笑）。

成功に向かって一歩踏み出したばかりのキミらは、先を行く人たちと比べてまだまだ未熟かもわかんないけど、未熟さゆえの強さというのかな、「まだまだ、もっと上へ、もっと上へ」と思ってると、意外と、勝てちゃうんだよ。

一人さんもね、昔はライバルがいたことはいたの。けど、オレの知らない間に、みんな、勝手にいなくなっちゃって。だから、ライバルなんて、ホントはいないんだよな。

ただ問題は「やるゾ！」っていう気持ちな。これをどうやって、もち続けられるか。

オレが大好きなものは、一番は仕事。二番目は酒で、三番目が女性。いやぁ（笑）。これが大切なんだよ。

ウチのお弟子さんの、まるかんの社長たちやなんかも、似たようなものなんだけど、ウチのはなゑちゃん（＊編集部註　一人さんの弟子の一人、舛《ます》岡《おか》はなゑさん）の好きなものがね、スゴいんだよ。

はなゑちゃんが一番好きなのは、仕事。二番目がね、酒とおしゃれと、K－POPとネコだ、って言うのね（笑）。

一個ぐらい、三番目に回せばいいじゃないかと思うよな。

だけど、はなゑちゃんに言わせると、「どれも、ゆずれない！」って言うのね。

ちなみに、はなゑちゃん、年々、仕事が増えて収入も増えてるよ。

好きなものはガマンしない

生きてると自分でも気がつかないうちに、段々、段々、好きなことを減らしたり、やりたいこともガマンしちゃう人がいるでしょ。

好きなものとか、やりたいことは減らす必要はないよ。逆に、段々、増やしていくの。

だって、「自分の好きなこと、やっちゃいけないんだ」とか、「ガマンしなきゃ」と思っただけでもね、人って、元気なくしちゃうんだよ。

この前も、しょんぼりした感じの男の人が、オレのところへきて、「一人さん、わたしは悪い人間です」って言うの。理由を聞いたら、「家内の他に、つきあってる女性が一人いるんです」って。

オレ、その人に、「あと二、三人、カノジョをつくって、全員、しあわせにしてあげればいいよ」って言ったのね（笑）。そしたら、その男の人の顔がふぁっと、一瞬のうちに明るくなって。軽やかな足取りで帰って行ったよ（笑）。

男の人って、そんなものなんだ——ってそうだよ、そんなものだよ

（笑）。

だけど、女の人だって、男のこと、とやかく言えないよ。

コートを一着しか持っちゃイケない、と思ってたところ、「あともう二、三着、コート買いなよ」って言われたら、あなた、飛びあがって喜ぶでしょ。それと同じだよ。コートがカノジョに変わっただけの話。

でも、奥さんにバレても、オレのせいにはしちゃダメだよ（笑）。

ともかく、趣味でもなんでもいいから、好きなもの、どんどん増やしていくんだよ。

好きなものに囲まれて、やりたいことをやっていたら、人って、しあわせなの。

人間なんて、そんなもの。しあわせって、その程度のことだよ。

ただし、好きなこと、やりたいことをやるには、お金がいるよ。世の中、いくら「女性が好きだ」「ゴルフが好きだ」と言ったって、タダででできるものは一個もないからね。

女の人がいくら「キレイになりたい」と思ったって、タダでキレイでいられるのは十八歳までだよ（笑）。十八過ぎたら、相当、お金かけないと、維持できない（笑）。

それから後は、年々歳々《ねんねんさいさい》、キレイでいるために、お金がかかるんだよ。

そうすると、しっかり働いて、金、稼がなきゃならない。当たり前なことだけど、これって大事なことだよな。

すべての仕事はお金儲けである

今日はまじめに仕事のこと、話そうかと思うんだ。スッゴい基本的な、「仕事ってなんですか？」という話。いいかい、仕事とは。

すべての仕事は、例外なくお金儲けなんだよ。

ここが大事だから、もう一回、言うよ。

サラリーマンだろうが、学校の先生だろうが、医者だろうが、全員、仕事とはお金儲け。ただ、一人ひとり手段が違うんだよ。

キミは公務員やってるよな。てことは、お金儲けの手段が公務員なんだよ。

大工は家を建てたり、直したりする、それがお金儲けの手段。

ダンサーの仕事もお金儲けで、手段が踊ることなの。

だから、仕事というのは業種・職種が違ってても、全員ひとしくお金儲けが仕事。

サラリーマンは時間を売ってるんです。一日いくらで働きに行って、一カ月で合計いくら。同じ会社のなかに、営業もいれば、経理の人もいれば、事務の人もいて、みんなお金を儲ける手段は人それぞれなんだよ。

だけど、全員、お金儲けが仕事。

仕事がお金儲けじゃなかったら、みんな食べていけないんだゾ。いいかい、食べていけないものは仕事とは言わない。道楽か趣味か、そうでもなかったら、ボランティアと言うんだよ。


この前、「プロのサーファーです」と言う男の人がいてさ。

「プロ」って言うから、こっちは「サーフィンで食べていけるんだ」と思うじゃない。でも、食べていけないんだって。

「なにで食べてるの？」って聞いたら、「アルバイトです」って言う。だったら、最初から「アルバイトだ」って言えばいいのに。

アルバイトで食べてたって、自分の食いぶちをちゃんと稼いでるんだよね。それって、恥ずかしいことじゃないよな。

だから、食べていけないものは、仕事じゃないの。趣味だよ、趣味。

だから、もし、あなたが陶芸をやっていて食べていけないのなら、それは趣味をやってるんだよな。

いや、趣味がいけない、って言ってるんじゃないの。オレが言いたいのは、趣味より仕事のほうが優先なんだから、ちゃんと働きに行きなよ、って。

ともかく、仕事というのは、全員、お金儲けが仕事。

それから、お客さんとは、お金をくれる人。だから、サラリーマンだったら、いちばんのお客さんは社長。その社長が本当に喜ぶことを考えて行動すれば、そこの職場でかけがえのない存在になり、必ず出世する。

もちろん、おべっかやお世辞を言え、と言ってるんじゃないよ。社長は本当に会社が発展することを望んでるんだよ。その辺をカン違いしちゃダメだよ。

実がついてないうちからアタマたれんな！

「出世欲をもつと、働きすぎで体の具合を悪くする」と言ってる人と、この前、会ったんだけど。

オレ、その人に聞いたのね。

出世すると体の具合が悪くなる、ってホントですか？　って。出世しなくても体の具合が悪くなる人って、山ほどいるよね。あなた自身、出世のために夜も寝ないで働いたことあるの？　って。

今の社会で、働きすぎで体の具合を悪くする人って、めったにいないよ。精神的な疲れによって体の具合が悪くなるケースがほとんどなの。

もっと言うと、人って「出世するんだ！」と思うから、やりがいをもって元気に働けるんだよ。「出世するんだ！」と思わないと、面白くないから神経を病んで、体の具合を悪くしちゃうこともあるよ。仕事は楽しくやるんだよ。

よく「足るを知る」って言うだろ。

おしなべて、ここにいるみんなは、オレと比べたら年下だ。キミたちは今時分から「足る」を知っちゃ、ゼッタイ、ダメなんだよ。もっと出世欲をもって働くの。

なぜかって。「若い」ということは、いろんなものが足りないんだよ。知恵も足りなきゃ、金も足りない。まだまだ経験積まなきゃならないし、貫禄もない。なにもかも、ぜんぶ、足りないんだよ。

それで、「実るほど頭《こうべ》を垂れる稲穂かな」と言うけどアレはな、いいかい、ちゃんと覚えとくんだゾ。実ればたれる稲穂――実ってから、たれてるんだよ。

わかるかい？　みんな、まだ、たれちゃダメなんだよ。まだまだ、これから実ってくるんだよ。頭をピーンと上に向けてな、上に、上に、ってあがってくの。そしたら、そのうち、時期がくると実ってくるから。そうすると、ほっといても自然に、たれてくるものなんだよ。

実ってもないのにたれてるヤツは、根腐れでも起こしてるの。根っこが腐ってる。若いうちから腐ってちゃイケないよ。まだ「足る」を知るほど、キミらは、実ってないんだから、そのアタマ、あげなよ、って。胸張って、肩でこう風切って歩くんだよ。

自慢じゃないけどな。一人さんだって、いまだに「足る」を知らないんだゾ（笑）。商品でも本でも、もっともっと喜ばれるものを提供したいの。みんなにしあわせになってもらいたい。もっと魅力的な人間になって、もっともっと女性にモテたいしな（笑）。

だから、富士山にはてっぺんはあるけど、オレの人生にてっぺんはない。

ともかくな、オレたち、たれてちゃダメなんだよ。

まだ天に向かって、「上だ、上だ」って伸びていく、そういう時期なんだよな。

わかるかい？

ナメられちゃイケない

みんなの場合、オレよりまだ若いんだけど。若いとさ、「若い」というだけで、下に見られて、相手にもされなかったりするんだよな。

だから、みんなは「ナメられちゃイケない」ということを学ばなきゃならない。

ナメられちゃイケないって、当たり前なんだよ。

自分がナメられて、バカにされて、しあわせになんか、なれっこないの。もちろん、威張《エバ》って、他人《ひと》をナメるのもよくないんだよ。

だけど、ナメられる人はナメられるようなことをしてるんだよ。

たとえば、オドオドびくびくしてるんだよ。

自分の魂がナメられるようなことしちゃイケないんだよ。だから……。


威張《エバ》っちゃイケない、ナメられちゃイケない――。


この言葉を一日一〇〇回言うの。

簡単に言うと、脳にインプットしちゃうんだよ。そうすると、脳は、あなたにナメられない行動をさせる。オドオドびくびくしてるように見えなくなる。

だから人間、なによりも言葉が先なんだよ。

そういえば、この前、愛弟子の人たちに、自分の夢を発表してもらったんだけど。

ある男の人が、自分は今は人につかわれてる身なんだけど、将来は自分で仕事をして、年収一〇〇〇万になって、かわいい女の子を雇うんだ、って言うんだよな。

いや、なにを夢見ようが、本人の自由だから、いいんだよ。

ただ、年収一〇〇〇万っていうのはサラリーマンの発想なんだよ。

もし商売をするんだとしたら、商人が一〇〇〇万を目標にしちゃダメなの。

社会貢献について考える

商人は最低でも年収二〇〇〇万を目標に――というのは、店を出したりするのに資金がいるんだよ。店を出しても何年かすると、借りてる店舗の契約を更新するのに金がいる。長年、使ってるうちに、水回りが具合悪くなることもあるし、いろんなとこ、直さなきゃなんないこともあるの。内装だって、ペンキの塗り替えをしなきゃならないしな。

だから、サラリーマンからしたら年収一〇〇〇万って多いように思うけど、商売をやる人間は最低でも二〇〇〇万を目標にしてないとダメなの。

でも、ウチは利益、出さなくていいんです――というところもあるよ。利益を出さないのは、あなたの勝手な都合かもわかんないけど、でも道路を使ってるよね。電気、使って、水道も使って、子どもは中学まで教科書がタダなんだよ。

いや、NPO法人に因縁《いんねん》つけよう、っていう気はさらさらないの。オレは、ここにいる人たちに、あなたたちは年間一〇〇〇万より二〇〇〇万稼いだほうが、より社会貢献してることになるよ、って言いたいだけなの。

第一、あなたが店をやって儲けが出た、ということは、あなたが感じいいか、なにか、お客さんに喜ばれることをしてるんだよね。

そうやって倍稼ぐと、国は税金をたくさん取っていってくれる（笑）。うんと儲けてうんと税金を払い、そのうえに、雇用をつくったり、いろいろやって、世の中の金を回すのがオレたちの仕事。

さらに言うと、有給休暇もない、退職金もない、それでも毎日、顔晴《がんば》ってるんだから（＊編集部註　一人さんは「がんばる」を「顔晴る」と書きます）、年収二〇〇〇万じゃなきゃ、ワリに合わないよ。

ウチの会社は利益は少ないけど、お客さんのために尽くしてますから――って、あなた、日本で生活してるよね。だったら税金払って、日本のためにも尽くさなきゃイケないよ。それ以前に、日ごろ、お客さんに尽くしてて、お客さんが少ししかこないって、おかしい。もしかしたら、あなたが勝手に「尽くしてる」と思ってるだけなんじゃないの？

自分の店がたいして儲かっていないんだとしたら、あなたの社会貢献度もそれなりだよ。わかるかい？

だから、本気で社会に貢献したいと思ってるなら、最初《はな》っから、「年収二〇〇〇万にするゾ」って思ったほうがいい。

お金持ちになるコツは最短距離を行く

「自分はお金持ちになりたいんだ」と言う若者と、この前、話したんだけど、みんなにも、教えるからな。

お金持ちになるコツはね、最短距離を行くことだよ。

最短距離というのは、みんなが思ってるのとは違って、なんて言うのかな。

たとえば、「大阪へ行こう」と思ったからって、いきなり大阪には行けないだろ。

思ったら叶う、って言う人がいるけど、確かに、あの世だったら、思っただけで叶うんだよ。だけど、この世はそうじゃない。この星は行動の星。思って行動しないとダメなんだよな。

だから、「大阪に行くんだ」と思ったとき、新幹線で行くのか、飛行機で行くのか、車で行くのか、行きかたはいろいろあるよね。いろいろあるなかで、新幹線で行くことに決めた、と。

だけど、大阪行きの新幹線って東京駅から出てるんだよ。

自宅にいながら、いきなり東京駅にワープするって、無理なんだよ。家でじぃーっと待ってたって、新幹線はあなたの家の前にはこないんだよ。

だから、自分が最寄駅まで行くしかない。

そうすると、最寄駅まで行く、オレの場合は新小岩という駅なんだけど、そこまで歩いて行くとする。このまま歩いてたって、大阪にはなかなか着かないんだよ。

だけど、新小岩の駅から総武線快速という電車に乗って、東京駅に向かうんだ。

な、スピードが速くなっただろ。

東京駅についたら今度は、そこから新幹線に乗り換えて大阪まで行く。

この世には、「加速の法則」というのがあるの。

今すぐできることを一つひとつやる、新小岩の駅まで行けば快速に乗れるの。東京駅からは新幹線。そういうふうに加速がついて、スイスイ目的地に着いちゃうんだよ。

ところが、なかには、まだひと駅しか行ってないのに、「なんで大阪じゃないんだ」と、嘆いて途中下車して駅のホームにあるベンチに座って落ち込んだり、酔っ払って寝てたりする人がいるんだよな。これだと永久に、大阪には着かない。

最短距離というのは、途中下車しないで、目の前にきた電車やなんかにちゃんと乗って、一つひとつ乗り継いでいくことなんだよ。

わかりますか?

いきなり大阪が目の前に現われるんじゃないんだよ。目の前の、今すぐできることを一つひとつやっていくと、いつのまにか到達するんだよ。

もしあなたが焼き鳥屋さんをやりたかったら、まずは焼き鳥屋に勤めに行く。給料が安くたっていいから、とにかく勤めに出て、休みの日にはヨソの流行《はや》ってる焼き鳥屋の研究に行くんだよ。

それと、月一万円ずつしか貯金できなくてもいいから、貯金するの。

そのとき、月々一万円貯めてても、店を持てないような気になるんだけど、この世には「加速の法則」というのがあるんだよ。そのうち加速がついて、二万円ずつ貯金できるようになる。そうすると、前より早くお金がたまるよな。

さらに次は「ウチの店、空いてるから、使いなよ」とかって、協力してくれる人間が現われるものなんだよ。

だから、人は「自分はこうなりたい！」って、目指すところが明確になったとき、その都度、その都度、自分が今できることが出てくるの。目的をもって今やれることが出てくるから、それをやる。それが最短距離を行く、ということなんだよ。

だから、今、仕事についてなかったら、仕事を探しに行けばいいんだよな。貯金がないヤツは、しっかり働いて貯金するの。それが最短距離で、これ以上の最短距離って、ないんだよ。

ともかく、「これから戦《いくさ》だ」ってときに、自分が石しか持ってなかったら、石をぶつけるの、今できることをやるの。竹槍《たけやり》しかなきゃ、竹槍で戦う。

そのうち、戦ってるうちに、いろんなものが手に入ったり、するんだよ。

あなたの武器は、あなたが成功の道を歩き出した、その道すがらに落ちてる。

それを一個一個、拾っては歩き、拾っては歩きしながら、人間は、段々、段々、成功していくんだよ。

棒ほど願って針ほど叶う

たとえば、あなたがラーメン屋をやってるとする。

黙って、ただラーメンを作ってると、ふつうのラーメン屋なんだよ。

だけど、ホント言うと、ラーメン屋だって、四、五軒、店を出せば、ベンツぐらい乗れるんだよ。

一人さんは、なにを言いたいかというとな、いいかい。黙ってラーメンを作ってちゃイケないんだよ。

ひと儲けして、ベンツに乗るんだ！　――というつもりでラーメン屋をやるから、このままじゃベンツに乗れっこないと思って、研究するんだよ。わかるかい？　最初《はな》っからベンツに乗るつもりでラーメン屋をはじめた人間と、ただ黙々とラーメンを作ってるヤツじゃ、結果が違うんだよ、って、わかるかな？

黙々とやってて、運よくベンツに乗れるようになりました、なんて、そんなことはまずないよ。

富士山をのぼるときは、「富士山にのぼるんだ」と思って行くでしょ。散歩のついでに、富士山のてっぺんまでのぼったヤツなんか、いない。気がついたら富士山の上にいました、とか、そんなことはゼッタイない（笑）。最初《はな》っから富士山にのぼる気で用意して行かないと、ダメなんだよ。

だから、ラーメン屋をはじめるのでも、だいたい、このぐらいの時期に、売り上げは、いくら、いくらにするんだ、とか。店、何軒にするんだ、とかいう目標や計画がないとね、仕事はウマくいかないんだよ。

そういう用意ができてたって、嵐もくればさ、いろんなことがあるの。計画を見直したり、中止しなきゃイケないときもある。だけど、「上にのぼるんだ」と思ってる人間は、今日のぼれなくても、明日はゼッタイのぼれるんだよ。だって、「のぼるゾ」と思ってるんだから。

そんなことをやって、結果、自分がひとかどの者になったとき、たいがいは「自分の成功は奇跡だ」と思うんだよ。だけど、奇跡じゃないの。あなたは自分の「自由意志」をつかって、夢を描きながら楽しく、目的地に向かって歩いたんだよ。あなたの力で勝ちとったんだ、って言いたいの、オレは。

ここで誤解しないでもらいたいのは、目的を叶えたことが成功なんじゃないの。

夢を描きながら、楽しく人生の旅路を行く人が成功者。そんな成功者の歩く道が、成功の道。だから、成功の道は一つじゃない、いくらでもあるの。

だけど、成功の道を歩くときは、お友だちがいるんだな。

お友だちというのは、「正当なる欲」のことなんだよ。

人間は、なんでもできる。あなたは、なんにでもなれる。だとしたら、なにになりたいんだろう。

安定したいんなら、サラリーマンになればいい。

オレたち商人にはボーナスもない、有給休暇もない、資本金もかかる。店を十年やっても二十年やっても、そこの店がなくなったら、通行人に「前にここにあった店、アレはなんだったっけ？」って。忘れられちゃうんだよ、ホントに（笑）。

わかるかい？

リスクが高いんだよ、オレたち商人は。リスクの高いものは儲けが多くなきゃイケない。だから、儲からなきゃイケないの。


棒ほど願って針ほど叶う、って言うんだよ。

儲けるためには、「うんと儲けるゾ」という気持ちがなきゃ、一円も儲からないの。最近の商人が儲からないのは、儲けを出さないことを、立派だとか、なにか、いいことのように思ってる。

あんただって道路を使ってんだから、道路代ぐらいの税金はちゃんと出しなよ。

儲けを出さなきゃイケないんだよ。

儲かんなくたっていいんです――商人がそんなことを言ったら、漁師が「魚は獲れなくたっていいや」と言ってるのと同じだよ。儲けなかったら、国も自分の生活も成り立たないんだよ、って。わかるかい？

オレはみんなに「企業家になれ」「商人になれ」と言ってるんじゃないの。なりたい人がなればいい。

だけど、はっきり言うけど、最初からベンツ乗るつもりじゃなかったら、乗れないよ。富士山にのぼるつもりじゃなきゃ、富士山にはゼッタイ、のぼれない。

サラリーマンだって、「出世して、会社の役に立つんだ」というつもりで働かなきゃやりがいがない。

オレは、そっちのほうがゼッタイおもしろいんだ、と言ってる。

みんな、それぞれ自分の夢を描いて、成功の道を歩いて行きましょう、ってことです。

では今日はこれで終わります。

第2章

世間の声を聞くか、神の声を聞くか

来世やりたいことは今できる

千葉の神崎《こうざき》にある、「ゆうゆう」さんという喫茶店に行ったとき、そこの店主の妹さんが、こんなことを話してたの。

「わたしはね、来世、ディナーショーを開きたいのよ」

要するに、歌をうたって聴かせたいんだ、ということなんだ。

オレ、その話を聞きながらね、「なんで今、ディナーショーやんないの？」って。

やりたいことを来世にとっておく必要が、どこにあるんだろうか。

ディナーショーは歌手がやるもの、みたいな観念があるんだよ。

世の中、歌でも絵でも、なんでもそうだけど、天才みたいな人がいるでしょ。ウマさでいったら、素人は天才にはゼッタイ勝てないの。だけど、素人がやることだから、みんなで楽しめる、ということが成功なの。それを、素人だからディナーショーは無理だと言う。

盛り下がるようなこと言わないでよ、って（笑）。

それでオレ、「ディナーショー、今年やっちゃお！」って、妹さんに言ったの。

そしたら、すぐ、その場で仲間が電話したら、ついてることに、成田のホテルを借りられることになって、翌月にディナーショーをやることになった。

当日はね、市長さんや町長さん、いろんな人がきて、まぁ、にぎやかで楽しくて、歌もすばらしかったしね。オレね、その日、はじめてその人の歌を聴いたの。それまで一回も聴いたことがないのに、「ディナーショーやりな」って（笑）。

でも、あのとき「やろう」と言って、よかったなと思う。だってさ、その会場にいた人たち、みんな、ニコニコ楽しそうにしてたし、本人もスゴくしあわせいっぱいな顔しててさ。

それ以来、年に一回ディナーショーをやるようになったんだよね。

な、人間って、おもしろいだろ。

たった一個のシバリをとってあげただけでも、あとは勝手にスイスイ、スイスイ、行っちゃうんだもんな。

もし、みんなも、やりたかったら、ディナーショーやってみたらいいな。やってみると、相当おもしろいから。

いつも、言うことだけど、おもしろいことって、待ってるだけじゃ、まず起きないからな。ものって、自分から起こしていくものなの。自分がまずおもしろいことやって、おもしろく生きるんだよ。自分がおもしろいことはじめたら、おもしろい人たちが集まってくる。

だから、ものっていうのは、「やる」ことが先なの。

今の自分なら、こういうやりかただったらディナーショーができる――という方法が必ずあるから、それを見つけて、やっちゃうんだよ。

ウチのみっちゃん先生（＊編集部註　一人さんの弟子の一人で、まるかん社長のみっちゃん先生）だって、オレが「先生」ってつけてから、なんの先生になるかを考えたんだから（笑）。とりあえず、「先生になる」が先なんだよ（笑）。

で、あとから「なにやる？」ってみっちゃんに聞いたら、「占いやりたい」って言ったんだよ。だから、占いをやって、みっちゃん先生になったんじゃないの。「みっちゃん先生」という名前をつけてから、なにをやるかを考えたんだよ。

ともかく、やればいいの。この星は行動の星だから、行動しないと、なにもはじまらないんだから。

「いつか」とは「やらない」こと

前に、「ひとりさんファンの集まるお店」にきた男性で、「わたしの夢は、小さなコンサートホールを借りて、三曲か、四曲ぐらいでいいので、ピアノのリサイタルを開くことです」と言った人がいたのね。

その男の人は十五年間、ピアノを習ってるらしいんだけど、いまだに楽譜を読めないから、音符にぜんぶ、ド、レ、ミとか書いて、やってるらしいの。

この話を聞いて、みんなはどう思った？「リサイタルはまだまだ無理だ」と思わなかったかい？　だとしたら、自分のアタマ、切り替えたほうがいいよ。

人生、ウマくいかない人の特徴はね。

「無理」という言葉が多いの。なにかにつけて、「無理だ」「無理だ」って言うんだよ。

オレだったら、四曲ひけるのなら、「四曲だけのリサイタル」というタイトルなんかつけて、やればいいじゃないか、と思っちゃう。

その人はリサイタルを開きたいと思ってる、「リサイタルをやる」ことが目的だ――という、ココだけをオレは見ちゃうんだよ。だから、「今やっちゃえ、今やっちゃえ」って言うんだよ。わかりづらいか。そうだよな。

分解しちゃうのが、オレのクセ。だから、もののとらえかたが、みんなと違うんだよな。

なんて言ったらいいかな。

本人が「リサイタルをやりたい」と言ってる。ということは「リサイタルを開く」ことが目的で、その目的を果たせばいいんだ、と思っちゃうんだよ、一人さんは。

ところが、当の本人は「リサイタルをやりたい」と言いながらも、実は他のことを思ってる。ピアノをウマくひいた自分が、満場の拍手喝采を浴びている場面とかを思い描いてるの。

だけど、現状は、音符が読めないうえに、三、四曲ぐらいしかひけない。

いや、三、四曲ひけるんじゃないの。間違いなく、その三、四曲もヘタなんだよ。

だから、「いつかやりたい」になっちゃう。

「いつか」と言ってる人間は、たいがい、ずっとやらないよ。

本当に、リサイタルをやりたいなら、とっとと、やっちゃいな、っていうの。リサイタルなんて今すぐできるよ、一曲でもひけるならできる。

本当に「ピアノがウマくなって、みんなを魅了したいんです」って言うんだったら、なおさらだ。やっちゃいな。そのほうがゼッタイ早くウマくなる。

いまだに楽譜が読めないって言うけど、ひければ、いいんだし、実際、今ひけてるんだよね。それで、たとえば「六カ月後に四曲でコンサート開きます」って先に発表するの。言うと同時に、ウマくなっちゃう。

だって、「六カ月後にやります」って言っちゃったんだもん、必死さが違うよ。

わかる？

ゼッタイ発表しなきゃイケないんだと思ったら、その四曲を練習するときの、入れ込みかたが今までとまったく違うんだよ。ヘタすると、その人が一生かかって上達するぐらいの腕に、六カ月間でなっちゃう。もっと言うと、今年やったら、来年は二回目のリサイタルができる。再来年には三回目のができるの。そうやっているうちに、ピアノの腕は、ぐんぐんあがっちゃうんだよね。

それを、「ウマくなってからやろう」なんて言ってたら、いつまでたってもウマくならない。ディナーショーだって、踊りの発表会だってなんだって、やりたいことがあるのなら、やっちゃいな。

「やる」ことが先なんだよ。

先にやらない限り、なにも、ものごとははじまらないの。この星は行動の星だから、「これやりたい」「あーなりたい」と思ってるだけじゃなにも起きないんだよ。

途中でくじけちゃう人の特徴

「いつか写真展を開きたくて、今、カルチャーセンターの写真教室に通って勉強してるんです」って言う人もいると思うんだけど。

あなた、本当に展覧会を開きたいんですか？　だって、写真もすでに何枚も撮ってあるんだよな。

公民館とか区民センターだったら、一万円か二万円で、場所を借りられるよ。そこに写真のパネルを貼って、入り口に「第一回写真展」って貼り紙すれば、写真展ができちゃうんだよ。

それなのに、「いつか、やりたい」って。今じゃなくて、「いつか」って、なんでなの？

絵でも写真でもなんでも、展覧会みたいのは、ふつう、修業して修業して、やっとやるものだと思ってる。

それ、面倒くさいの、オレに言わせると（笑）。

本気でやりたいなら、どこの会場でもいいからね、借りちゃいな。それで、三人でも五人でもいいの、きたい人だけくればいい。

「こんな、わたしの写真を見にきてくれる人なんて、いませんよ」って、誰もこないなら、こないでいいの。「ひとりでもやる！」って言えばいい。

よき仲間が集まってなにかやる――って、悪くはないよ。

だけど、なにかをやるときは、「自分、ひとりでもやる！」っていうほうがウマくいくの。

それと、不思議なんだけどね、「ひとりでもやるから、きたいヤツだけおいで」って言うと、必ず誰かがくるんだよ。だから、オレ、仲間を集めてなにかをやったことが一回もない。最初はひとりで、ワッセ、ワッセやってたら仲間ができたの。

やる気になれば、今すぐ会場の手配して、早けりゃ来月か、その次の月にできちゃうんだよね。そのときは、「何人、人を集めよう」とか思っちゃダメなの。

ひとりでやってるから、いいよ――って（笑）。そうすると誰かきてくれるの。わかるかな。

みんなに賛同して欲しい――って言うけど、それはイケないよ。わかるかい？

なにかをやろうとしたときに反対者が出てくるのは、これはもう、お約束なんだよ。賛同者って、そう出てこないよ。

しかも、一番最初に反対するのは女房とか、一番賛成して欲しい人が反対するんだよ。たいがいの人がくじけちゃうのは、そこだよな。

だから、最初《はな》っから、やる気十分な人は、そんなこと、言っちゃダメ。ともかくね、やっちゃうことが先なの。やっちゃったうえに、「オレぐらいヘタで、やっちゃう人、いませんよ」とか言って自慢する。「楽譜を読めないのに、ピアノのリサイタルをやっちゃったんですから」とかって（笑）。

そうするとね、「類友の法則」で、あなたと同じおもしろい仲間がよってくる。

そうなったとき、今までにない、おもしろいことが起きてくるんだよ。

チャンスは常に、今ここ、あなたの目の前にある

「いつか、やる」とか、「ウマくなってからやる」とか、言ってる人に、オレ、いっぺん聞いてみたいの。

あなたは誰のために、それをやるんですか？　「ウマくなってから」って、それ、本当にあなたの声ですか？

あなたは世間の声をよく聞いてるけど、自分のなかにいる神と対話してないんだよ。

人間は、みんな、自分のなかに神がいる。

「ホントですか？」って、信じていただかなくたって、なにも問題はない。

ただ、オレたち一人さん一派がそう信じてるだけであって。だから、そのつもりで気楽に聞いててね。

「コンサートをやりたい」というのは、実は、内なる神からの指令なんだよ。

だから、そういう気持ちが起きるんだったら、やればいいの。先にコンサートをやれば、ウマくなるんだから。それを、「ウマくなってからやる」というのは、オレに言わせると、神の声を聞いてない。

その人は常識アタマ、世間の声を聞いてるんだ、って言いたい。

神の声というのは、声として聞こえるんじゃないんだよ。ひらめきだったりな。

そのことが妙にやりたかったり。好きだったり。それから、なぜか知らないけど、あの町に行かなきゃいけないような気がしたりとか。

それが、神の声なんだよ。

だから、本来、ひらめきとか神の指令、お告げというものは、ひとしくみんなにきてるんだよ。そのひらめきでもって、一人ひとりをちゃんと導いてくれようとしてる。

ところが、人間のほうが、その声を聞こうとしないの。常識というもので、耳をふさいでるようなものなんだよ。

あなたの成功の道は、あなたにしか歩けない。常識みたいな、十把《じっぱ》一絡《ひとから》げにしたようなものではないの。一人ひとり、指示が違うんだよ。

だから、あなたが、あなたの成功の道を歩きだすとあなたは楽しい。周りも楽しい。わかるかい？

常識で考えると、ディナーショーというのは歌手がやるものなんだよ。

だけど、「ゆうゆう」さんとこの妹さん、ディナーショーをやった人も、一回やったら、また次、また次って、毎年やることになったんだよな。

それって、喜ばれてるからなんだよ。わかるかい？

「今年もどこそこでディナーショー、やります」って言うと、練習もやる、ドレスも作る、なにもやる、かにもやる。わかるかい？

ディナーショーにきてくれた人みんなを喜ばせたくて、いろいろやるんだよ。

だから、そこにきた人は、みんな、しあわせになっちゃうし、また次のを楽しみにしてくれるんだよな。

そういう、みんながハッピーになっちゃう最初のきっかけ、「やりたい！」という思いを、世間の常識で無視してる。

いいかい、もう一回言うよ。

神のひらめきは、誰にでも、いつも、きてるんだよ。それを、自分で勝手に無視しちゃって、「オレにはこないじゃねぇか！」と言ってるんだよな。
あなた、自分の思いに素直になってごらん。

「自分の思い」と言ったって、「ドロボーしたい」とか、法律違反になるようなものだったら、おかしいんだよ。

だけど、あなたの思いは、そうじゃないでしょ、って。「ディナーショー、やりたい」「写真展をやりたい」とかって、神の声なんだよ。その声を素直に聞いて、自分なりのやりかたでやればいいの。それが、あなたも周りもしあわせにする道なんだよね。

なのに、「歌手じゃないのに、やっていいのかしら」とか、そういう常識的なことを、なぜ考えるのか。

それをやっちゃいけない、という法律でもあるの？　あるんだったら教えてよ、って言いたいよな（笑）。

「成功」とは、ちっちゃな成功の繋《つな》がり

「○○やりたい！」というのが神の声なんだよ――って、オレ、突飛なことを言ってるように聞こえるかもわかんないけど。信じられないかもわかんないけど、本当にそうなんだよ。その声が、あなたをしあわせに導いてくれる。

でも、わたしは、神の声とは、なかなか思えないんです――って、そうだよな、わかるよ、オレ。

もしかしたらね、あなたが聞いてるのは、神の声じゃないかもわかんない。

悪魔（浮遊霊）の声を聞いてる人がいるんだよ（笑）。

日ごろから明るく生きて、人に親切にしてる人なら、ワクワクすることが神の声。

そして、神の指令通りにやると、自分も楽しいし、周りの人もしあわせになる。

誰にも迷惑がかかんない。

悪魔の声だったら、暗い気分になるとか、陰湿になる。

だけど、神の指令の場合、考えるだけで気持ちが明るくなれるとか、楽しくなれるとか。それで、誰にも迷惑がかからない、自分のできる範囲内でやれちゃうようなこと。

だから神は、オレたち人間に「無理してやれ」ということを、ゼッタイ言わないの。

自分のおこづかいの範囲内でできることだったり、自分がそれをやるために必要な道具であったり、環境が、「すでに用意されてた！」「わたしはここに呼ばれたんだ！」という感覚。

だから、たとえば、「ピアノのリサイタルをしよう」と思ったときに、区民センターを一万円か二万円ぐらいで借りられて、しかも、そこにピアノが置いてあった、とか。リサイタルをやるのに「ピアノを買わなきゃいけない」じゃなく、すでに、できる環境が整っている。だとしたら、それはやるべきこと、神の道なんだよ。

成功の道とは、ちっちゃな成功が連なってる道なの。

わかるかな?

十年後にはピアノのリサイタルができるから――って、最初からいきなり目的地に行くんじゃないの。

本当は、十年後にできるんだったら、毎年一回、十年続けてピアノのリサイタルをやっちゃったほうが、「わたしがひくピアノで聴衆を魅了したい」という夢の実現が早いんだよ。

十年後にこういうリサイタルを開きたい――って、十年後を思い描くより、今からはじめて、一〇回リサイタルをやっちゃったほうがゼッタイ、ウマくなるうえに、楽しみながら行ける。

だから成功とは、ちっちゃな成功が繋《つな》がってる道なんだよ。

「ゆうゆう」さんの妹さんの場合、まず、オレが「ゆうゆう」さんにやってきた。

そのとき、本人が「来世、ディナーショーをやりたい！」という話をするんだよな。そしたら、オレが「今年やろう！」って。

このオレの言葉に、その場にいた妹さんの友だちが、「いいね、やろう、やろう」と言ってホテルに電話した。

それでディナーショーをやって、会場にきた人たちが喜んだ。そしたら、また来年もディナーショーをやりたくなって、結果、毎年の恒例行事みたいになったんだよな。

だから、段階、段階を踏んで、ちょっとずつ大きくなるの。いっぺんになるんじゃないんだよ、目の前のことを一個一個クリアしながら、それが成功に繋がっていくんだ。

ディナーショーと、成功と、どう関係があるの？　って思う人がいるかもしれないけど、実際、すべての成功がこういう道のりになっているんだよ。

それを、はじめの一歩目も出してない、ちっちゃな成功を繋げてもいないのに、いきなり「十年後にこうなりたいんです」って、なるワケがない。

十年後のことより、まず今あなたが歩く道をつくるんだ。

すでに、神は道をつくる材料を、あなたに与えてくれている。

その一歩が、成功に繋がる神の道なんだよ。

大木になりたければ、まずちっちゃな芽を出す

いいかい、大木になりたかったら、まずちっちゃな芽を出すんだよ。

ちっちゃな芽は、風雪に耐えながら、デカくなる。

自分は大木になりたいです――だったら、ちっちゃな芽のままじゃなく、ちっちゃな木になるの。

その次は、中ぐらいの木になる。いきなり大木が、出るワケないんだよ。

だから、成功とはね、神の道理なんだよ。道理をちゃんとやらなきゃイケないんだよ。だけど、その道理が、神の言う通りにやると、あまりにも早いから奇跡に見えるんだよ、人の目から見たら。

それから、誰のところにも神のひらめきはきてる。誰だって、神の声を

聞いてるの。聞いていながら、世間のつまらない常識のほうにとらわれちゃうんだよ。

「コレ、やりたい!」と思うもの、そしてそれにワクワクするんだとしたら、神の声なの。あなたが明るくて人に親切なら、ワクワクすることをやってごらん。小さなことからはじめるんだよ。

いきなり大きなことは神の道理じゃないよ。小さな成功を繋げて、大きな成功に育てるんだよ。

これが神の道理だからね。

神の声は、素直に聞いたほうが、人生、ウマくいくんだよ。

もし、あなたに、なんのお知らせも、ワクワクも、ないんだとしたら、無理なくできる範囲内で人のためにただ尽くせばいい。人の喜ぶことをやればいいの。

それってね、荒れ地をたがやしてるようなものだよ。

まずはね、人には愛のある言葉を話し、笑顔にしてね。いつも、やさしくて笑顔でさ。

それを忍耐強くやってるとね、夢も出てくる、自分がやりたいことも出てくるの。

だけど、荒れ地にいきなりいくら種をまいたってね、なんにも出てこないよ。

だから、今なんの夢もないんだったら、ひたすら人生という荒れ地をたがやすの。

心がかたくなっちゃってるんだよ。

もっと人間らしく生きてごらん。そしたら必ず、夢も出てくる、やりたいことも出てくる。

自分はこれをやりたいんだ——というのが出てきたら、今度は、それを、自分がやれるところから、一歩でも近づけるの。そうすると次が出てくるの。そしたら、またその次、またその次と、やることが出てくるの。

わかったかい？

なんか、今日も熱弁ふるってしまいました（笑）。

ありがとう。

第3章

欲と勇気と、挑戦と

欲を捨てる大多数と、欲を燃やす少数派

これからはどういう時代になりますか、という話なんだけど。ますます、「正当な欲」をもてない人が増える時代がくる。

あ、これ雑談だから、気楽に聞いててよ。

それで、今の若い子たちは、「カノジョは、別にいらないです」って。そういう子が多いんだよ。生身のカノジョよりもバーチャルとか、ネット上でつきあう、架空のカノジョとかカレシのほうがいいんだって、知ってる?

オレも、くわしくは知らないんだけどさ（笑）。ケータイのサイトだか、なにかで、架空のカノジョとかカレシが出てくるらしいんだよ。生身の人間より、そっちのほうが「いいんだ」って言うの。

それと、毎日つきあって、「つきあう」という言いかたも、ヘンなんだけどさ（笑）。

ともかくね、本人たちは、つきあってるつもりでいて、それが結構、生身のカノジョやカレシとつきあうより、楽しいのね。

それから、ちょっと前までは、会社に入ったら、「係長になろう」とかさ。「係長になったら、「次は課長だ、部長だ」って、言ったものだけど。

今は、「出世すると、たいへんになるから嫌だ」って言うんだよな。

こういう若い人が、これから、どんどん、どんどん、ものすごく増えてくる。

ほとんどの人間が〝人生の成功ゲーム〟に参加しない世の中になっていくんだよ。

そうすると、これからは、「わたしは、ステキなカレシをつくるんだ」

とか、「いっちょ儲けて、外車でも買って、いいオンナ乗せて」とか、ともかく正当なる欲をもってる人、「オレは出世するんだ」とかって、やる気のある人間は、ごぼう抜きに出世しちゃうの。

なんでかって、そういう人間のほうが魅力的だもん。

そこの二人、どうした？

愛弟子A　いや、なんだか話を聞いてたら、うれしくなっちゃって（笑）。

愛弟子B　いよいよ、自分たちの時代がきたか、って（笑）。

そうだよ、スゴくいい時代なんだよ。ただし、やる気のあるヤツにとってはな。

だから、やる気のあるヤツは、今の大多数の人が考えてることとは真逆なんだよ。成功者は、大多数とは反対のほうへ、反対のほうへと流れるんだよ。わかるかい？

人と同じことをしてたら、人より、頭一個分、上に出ることはないんだよ。

圧倒的大多数のふつうの人と同じことをし、同じ考えをもってたら、ふつうの人生になっちゃうんだよ。ふつうの人と同じで、「みんなより、うんと成功したい」はゼッタイに無理なんだよ。

だって、誰とは言わないけどさ、中学出《ちゅうがくで》で納税額いちばんになっちゃうような人って、変わり者じゃん（笑）。

な、世間の常識にしばられてないだろ、オレという人間は。

大多数の意見を聞いてると、オレはみんなと考えかたがかなり違うんだよね。

だから、オレが愛弟子たちに教えてることは少数意見。成功者は常に少数だから、どうしたって少数意見になっちゃうんだよ。

だからといって、間違ってますか？　っていうと、そんなことはゼッタイない。

だって、一人さんは成功し続けてるんだから、そうだろ（笑）。

社会的成功をおさめられない人が間違ってるとか、不幸だとか、言ってるんじゃないよ。オレが言いたいのは、そういうことじゃない。

ことあるごとに、いちいち周りの意見を聞いて、大勢の人が賛成してる意見に自分を合わせていくのがいいと思ってる人は、ふつうなんだ。ふつうの人は、ふつうの、しあわせを求めればいいんだよ。ふつうだからって不幸せ、とは限らないからな。

ただ、あなたが、「ふつう以上に成功したい！　ふつう程度のしあわせじゃ、嫌だ！」と思ってるなら、ふつう以上のことやらないと無理だよ、って。

それを言ってるの。

サラリーマンを辞めて独立する人に必要なもの

愛弟子C　一人さん、質問があるんですけど。今度、独立をさせていただくんですけど、必要な覚悟はなんでしょうか。

独立しちゃうと、覚悟はいらないんだよね。

愛弟子C　えっ!?　すみません、もう一回、お願いします。

独立するまでには覚悟はいるけど、独立したら、覚悟なんていらないよ。

愛弟子C　覚悟がいるんじゃないんですか!

いらないよ。

だって、独立する、ということは、社長になるんだよな。社長業ってね、実はスゴい簡単なんだよ。

それから、商売でもなんでも、根性もいらなきゃ、忍耐もいらない。ちゃんと改良して改良すればいいだけなんだよ。

たとえば、ここがラーメン屋で、一日一〇〇杯売ったら、儲かるとする。

ところが、三〇杯しか売れなかった、と。ということは、七〇杯分ウマくないんだよ。要は、改良点が七〇杯分ある。

それを一つひとつ、改良すれば、いいだけなんだよ。ごちゃごちゃ言わないで、改良点を探し出して、とっととやりな。ゼッタイ成功するから。

それを、仕事は意地と根性でなんとかなるなんて、スポーツやってるんじゃないでしょ、って（笑）。

よく、お客さんがあまりこない食べもの屋さんで、「ウチの店はこだわってるんです」とか言って、人気のないメニューを改良もしないで、お客さんに喜ばれないものを、意地と根性で出し続けてる。

もう、そういう間違った考えかたは止めるの。

神はあなたに苦労させようとして、店をヒマにしてるんじゃない。

「間違ってるから、止めなさい」って、神は教えてるだけなの。

仕事がウマくいかない最大の理由

今日ね、みっちゃんとドライブしてたら、おもしろいことがあったんだよ。

千葉の館山《たてやま》に行くと、よく行くラーメン屋があるんだけど、そこの店は繁盛してて、店に入りきれないぐらいお客さんがきてる。

ところが、今日、ドライブしてたら、同じチェーンの店があったから、「あそこでラーメン、食おう」ってなったんだけど。

驚いたね。昼飯どきなのに、お客さんは、オレとみっちゃん、たった二人。

チェーン店だから、ラーメンの味はまったく同じなんだよ。

ところが、館山の店は繁盛していて、今日、入った店はお客さんがいない。

オレたちが食べ終わって店を出るまでの間、お客さんが一人も入ってこなかったの。

みっちゃんはやさしいから、店の人に「おいしかったですよ」と言って、チップ置いてきたんだけど。

問題は、同じものを出していて、なぜ、そこの店にはお客さんがこないんですか、ということなんだよ。

そこの、お客さんがいないほうの店は、親子でやってるんだけど、オドオドびくびくしてる。

要するに、味が同じでも人間が違うんだよ、って言いたいの。わかるかな。

人間ってね、なにをするのにも、オドオドしてちゃダメなんだよ。

オドオドしたり、びくびくしたりしてると、その人間からはオドオドびくびく波動が出るの。そういう人がやってる店にお客さんがやってきて、ドアをガラガラって開けた瞬間、「なんか、ちょっと、ヘンな感じ」とか思って、すぐ帰りたくなる（笑）。ホントだよ。

いや、心はオドオドびくびくしててもいいの。「なんともないよ、平気だよ」っていうフリだけでいい。

他の人があなたを見たときに、あなたが堂々としてるように見えればいいの。

どうせ、他人《ひと》の心のなかを見透かすことはできないんだから（笑）。

ただ、気をつけなきゃなんないのは、ついうっかり、オドオドびくびくしている胸の内をさらけ出しちゃうことがよくあるんだよ。

たとえば、まるかんの社長たちが講演活動をはじめたときの話なんだけどさ。

はじめてだから緊張するでしょ。それは別にいいの、緊張するのは当たり前なんだよ。

問題は、ウチのみっちゃんが、「声が出なくなっちゃう」とか、ああだとか、こうだとか、いろいろ、言ったんだよ（笑）。

黙ってなよ、って（笑）。緊張してるかどうかは、黙っていれば、誰にもわかんない（笑）。

「口から心臓がとび出《で》そう」

それを言っちゃうからダメなんだよ。心臓が口から出たことなんか、人類史上一度もないのに、なんで、そういうこと言っちゃうんだろうね（笑）。自分の不利になることを言っちゃイケないんだよ。

いいかい。動物でもなんでも、びくびくして、いちばん弱そうなのから食われる、って、決まってんだよ。

見た目だけでもいいから、堂々としてなよ。オドオドびくびく波動を出しちゃダメなんだよ。

そんなことしてたら狙われるゾ、って（笑）。いいこと、ひとつもないんだよ。

この世は見てくれ勝負

ここにくる人たちって、精神的な話が好きで、勉強もちゃんとするんだよな。

自分の内面を磨くのはいいことなの。

それって、仕事でも、人生でも大切なこと。だけど、もう一個、みんなのアタマのなかにインプットしなきゃイケないのは、この世は見てくれ勝負だってこと。

ここの集団は、やさしい人の集まりだから、「ボク、この仕事、はじめたばかりなんです」とかって、オドオドしながら言ってても、みんな、大目にみてくれるんだよ。

だけど、ふつう、オドオドびくびくしながら、「自分で仕事をはじめたんです」「独立したんです」とか言ってたら信用されなくて、仕事こないゾ。

「こいつだったら、自信がないから、いくら値切ったって断れないんだ」と思われて値切られるのがオチ。

ホントなんだよ。この人間はかわいそうだから面倒みてやろう――なんて人間、ここにしか、いないんだよ。オッケーですか?

愛弟子C　**オッケーです、はい。**

だから、いつも身なりでも、なんでも、ちゃんとしてね。高そうに見える時計でもして、「仕事は、山ほどくるんです」みたいな顔をしてるの。じゃなかったら、ハダカで戦《いくさ》に出かけてるのと同じ、やられるゾ。

だから、みんなも、覚えておくんだよ。

オレんとこの愛弟子は全員、生活している場や職場なんかで、人を導いていく立場の人間になる。そう思ってんの、オレは。ただ、そのときに、どうしても必要なものがある。

織田信長《おだのぶなが》だろうが、伊達政宗《だてまさむね》だろうが、これでどうやって戦うんだ！っていうぐらい立派で派手な鎧《よろい》つけてたんだよ。

兜《かぶと》だって、伊達政宗なんか、こんなデッカい三日月がくっついてるだろ。一見、無駄なものに見えるけど、アレが必要なんだよ。

なぜなら、リーダーは、どっしりと構えて座ってるのも仕事だから。わが軍は優勢である——と、アピールしなきゃイケないんだよ。たとえ、ちょっと敵に押されてたって、リーダーは「わが軍のほうが優勢なんだ」って見せてなきゃイケなくて。

要は心理作戦なんだよな。だから、遠くからでも、ひと目で、優勢であることがわかんなきゃイケない。目立たなきゃダメなんだよ。

実戦で勝つために必ず要《い》るもの

昔、川中島《かわなかじま》の戦《たたか》い、というのがあって、武田信玄《たけだしんげん》がね、指令本部みたいなところで座ってたんだよ。そのとき、上杉謙信《うえすぎけんしん》が馬に乗って突っ込んできて、信玄を斬《き》ろうとした。

ところが、信玄は、座ったまま、手に持っていた軍配《ぐんばい》でもって謙信の刀を振り払ったりしてたんだよ。そうしてるうちに、武田の兵隊が戻ってきて、謙信は退却したんだけど。

アレがもし、信玄が立ち上がって、両雄、斬り合いにでもなってたら、たいへんなことになってた。武田軍は総崩れになっただろうな。

だって、親方が攻め込まれた、ということになっちゃうんだよ。奇襲かけられたとなったら、いやがおうにも、兵隊たちの戦意が萎《な》える。敵からどんな攻撃を受けようが、自軍の戦意が萎えることのほうが致命的だよ。だから、大将はどっしりと座ってなきゃなんない。わかるか？

実のことを言うと、戦というのはホントはどっちが勝ってるか、誰もわかんないんだよ（笑）。だけど、外から見たとき、自分の親方がどっしりと座ってると、「オレたち、勝ってんだ」と兵隊は思って、元気に戦うことができるの（笑）。

だから、離れたところからでも、大将が見えたほうがいいから、兜の前のほうに、お月さまが出てたり、日の丸が出てたりな（笑）。

そうやって、目立つような格好をするのも、リーダーの仕事なんだよ。

だから、人間、役目、役目で、仕事があってな。

ところが、それをわかってない人がいるんだよ。

ウマくいってない人は、みんな、そうなの。

それとな、ほとんどの人は、ナメられちゃイケない、というのが脳にインプットされてない。自分がナメられるようなことしてる、ということも、わかってない。

いいかい。人間はナメられちゃイケないんだよ。考えてみな。自分が人からバカにされて、あなた、しあわせですか？

仕事をしてたって、ナメられてたら信用もなにも、相手にされないんだよね。だから、実戦には、ミバ（＊編集部註　見映《ミバ》えのこと）が必要なの。

ほとんどの人はね、見栄とミバを混同してるの。

一〇〇〇円の洋服しか買えないのに、お金を借りてでも二〇〇〇円の服を買うんだ、っていうのは見栄だよ。見栄は張っちゃイケないよ。だけど、ミバは必要なの。

だから、同じ一〇〇〇円の洋服があるなら、高そうに見えるほうを買うんだよ、そういうこと。時計を買うときも、バッグでも、自分の予算内で、より高そうに見えるものを買うの。

それから、商売をしてる人には、儲かって、ある程度お金を持てるようになったら「時計をするならロレックスだよ」「外車を買うならベンツだよ」ってオレは言うんだよな。

だって、どんなに高級な時計をつけてても、高級外車に乗ってても、ロレックスとベンツぐらいしか、相手はわからないんだから。

相手がわからなかったら、ミバもなにもない。わかるかい？

〝信用〟は見た目から

昔の商人は別にそんな、儲かってそうな格好をする必要がなかったんだよ。

昔はモノがない時代で、庶民の家にはモノがなかった。ただ、商人のところには、モノが売るほどあった。そのときは、モノを持ってること自体がステイタスだったんだよ。

ところが、今は、そうじゃない。どこのウチにも、テレビはある、エアコンもある、電子レンジもある。地方じゃ、一人一台ずつ自分の車を持ってるのが当たり前だったりするよな。今は、モノがあまってる時代なんだよ。

そういう時代なのに、身だしなみは気にしない、化粧っ気もない、おしゃれにも無関心。そうやって自分のことをかまってない人は、他人《ひと》に大切に扱われることはないよ。不思議なんだけど、ホントにそうなの。

安っぽいナリをしてると、お安い人間として扱われる。

「儲かんない、儲かんない」そんなことを今あなたの目の前にいる人に言ってると、あなたが他人《ひと》から、「この人、ロクなもん、売ってないんだな」という目で見られて、そういう態度で接せられるんだよ。

気がついてないだろうけど、あなただって実は、他人《ひと》のことをそういう目で見て、そう思ってるんだよ。

ともかくな、服装からなにから貧乏そうな波動を出し、貧乏そうなことを言ってたら、ゼッタイ、どんないいものでも、売れないんだよ。

この、当たり前のことがわからなかったら、仕事だってウマくいくはずがないの。

わたしは、こんなに不幸で、かわいそうで——そんなことを言ってて、しあわせでいられるのなら、ずぅーっと、言っててもいい。だけど、自分で自分を粗末に扱ってるあなたのことをかわいそがって、「あなたから、買ってあげるよ」と言ってくれるような人は、めったにいない。だって、どこの店でも、似たようなものを売ってるんだよ。

人って、どうせお金をつかうなら、信用できる人や売れてる人、つまり豊かそうな人から買いたいんだよ。

「この人、ステキだな、あこがれちゃう」とか、「自分も、ああなりたいな」と思うような人間から、ものを買いたいの。

だから、さっきのラーメン屋の話じゃないけど、オドオドびくびくしてちゃイケないの。心臓がドキドキしようが、バクバクしようが、そんなの、放っとけばいいんだ。

見た目だけ堂々としていればいい、フリだけでいいの。一〇〇〇回もやってれば、段々と、堂々としてくるさ。


ウチの社長たちも、前は、人前で話すなんてできなかったんだよ。だけど、今はみんな、堂々と話ができるようになったんだよね。

だから人間、慣れなんだよ、慣れ。人間は慣れの動物だから、何回かやってるウチに慣れて、話せるようになっちゃう。

いちばんイケないのは、「なんにも、やらない」ということ。

できないから「やらない」じゃない。できないからこそ「やってみる」なんだよ。

だって、できないから「やらない」でいたら、永久にできないもんな。

うんと儲けることを考えるか、そこそこで「よし」とするか

いつも言うけど、人間って、ホントはなんでもできるんだよ。できないことでも、やれば必ずできる。わかったかい？

愛弟子C　はい。

あなた、今までさんざん苦労してきたんだから、ちょっと程度しあわせになったぐらいじゃワリに合わない、うんと稼いじゃいな。うんと稼ぐには、うんと儲かることを考えるんだよ。

愛弟子C　いいんですか！

当たり前じゃないか！　なんのために、一人さんの勉強してるんだよ（笑）。成功するためだろ。

いつも言うことだけど、その辺をぶらぶら歩いてたら、気がついたら富士山の頂上にいました、なんて、ないんだよ。富士山のてっぺんにのぼるんだ——と思うから、人はてっぺんまであがれるんだよ。

いいかい、仕事というのは、ゲームみたいなものなんだよ。

それも、競馬と違って、自分に賭けて自分で走る、真剣勝負。うんと儲けることを考えるの、それが正道《せいどう》だから。正道は、うんと儲ける、そして、長く儲ける。

長く儲けようと思ったら、お客さまを欺《あざむ》くようなマネはゼッタイできないの。

それからな、ひと月一〇〇個、商品が売れることを考えてた人が、一〇〇〇個、売れることを考えるようになったら、一〇倍たいへんそうに思うだろ？　それ違うんだよ、実は、労力は同じなの。

同じ労力だとしたら、ひと月一〇〇〇個、売れることを考えてやったほうがいいんだよ。それが当たったとき、一〇〇個の労力の一〇倍収入が入るし、売れた分、必ずお客さんにも喜ばれてるんだよ。

一〇〇個売ろうが、一〇〇〇個売ろうが、脳にしたら労力は同じだけど、一〇〇個より一〇〇〇個売れたほうがお客さんに喜ばれて、自分は楽しいんだよ。

それで、目標の一〇〇〇個にいかなかったら、自分がヘタくそだと思えばいい。ヘタくそだってことがわかった時点で、昨日の自分よりお利口になってる。

わかれば、そのときから、脳が勝手に改良点を探し出すようにできてるの。

ところが不思議なことに、商売でもなんでも、ヘタくそなヤツは、成功してる店とかを見に行かない。自分のふだんの言動とか立居振る舞いも顧《かえり》みないんだよ。

講演でも、話がウマくなんない原因は、自分の話したのを聞かないんだよ。だからオレは、「自分の話を聞け」って、何回も言うんだよ。

ところが、ウマくなんない人間は、「自分が話してるのを聞くのは照れくさくってヤなんです」って言うんだよ。自分ですら聞きたくないような話を、他人《ひと》に聞かせるのかよ（笑）。

自分が聞きたくて、他人《ひと》も聞きたくなるような話をするの。そういうアタマで聞きだしたら、ゼッタイ、ウマくなる。

ともかくね。

金を出して店の内装を変えたりする前に自分を魅力的に改良して改良し

て、改良するの。富士山には、てっぺんがあるけど、人生にはてっぺんがない。人間、これでいいんだ、と思ったら、もう終わりだな。

だから、自分がそば屋だったら、休みの日は、ヨソの店のそばを食いに行って研究するの。それでね、儲かんないヤツの特徴は、自分なら行かないような店を、必ずやってんだよ。そういう店に、他人《ひと》をこさせようとしてること自体が、おかしいんだ、って。

自分が食べていけなくなるような理論はおかしい

愛弟子D　一人さんは、十五、六で、社会に出た、ということなんですけど、その当時、ヒドい目にあわれたりとかはなかったんですか？

それがないんだよ（笑）。

強《し》いてあげるとすると、十五、六って、世間的には、まだ親に食わしてもらうのが当たり前な時期なんだけどさ。その頃、オレは家を出た。親父が嫌いだったから、親父にこれ以上、食わしてもらうのが嫌だったの。

ところが家を出てみると、自分で稼がなきゃならないんだけど、最初の頃は、どうすればお金が稼げるか、わかんなかったからさ。商売をやる、と言ったって、オレみたいな若造は信用がゼロだからな。そうすると、当然、食うに困るワケだ。

だから、オレが社会へ出て困ったのは、最初の頃の「食えない」こと。それだけだね。ただ、そのことでオレは親父に感謝ができたのね。

「人間は食わなきゃいけない」という基本的なことを学べたから、自分としてはスゴくよかったと思ってる。

世の中には、いろんな思想があり、精神論があり、宗教があるじゃない。

だけど、どんな素晴らしい理論でも、食うにも困るようになったのではニセモノだ――というのが、一人さん理論なんだよ。

オレがそんなことを言えるのは、十五、六のときの経験があるからだよな。

だから、食べていくことの大切さを身にしみて学んだんだよ。だから、そういう経験ができて、オレはついてた、よかったと思ってる。骨の髄《ずい》までしみるほど、食えないのはヤだ！　そういうことがわかったときから、もう二度と、お金にも、食うものにも困ったことがないんだよ。商売したってオレ、勝ちか、大勝《おおが》ち、しかないんだよ、ホントに。

だから、人間って、本気で「ゼッタイ、これはヤだ！」って思ってることとは起きないようにできてるね。いつまでたっても豊かになんない人は、もしかすると、さほど貧乏が嫌ではないのかもわかんない。

ともかく、ちゃんと飯を食ってくのは、ホントたいへん。生きるって、たいへん。なにがたいへんって、生きてる以上、お金がかかるんだよ。だって、野宿できないし。ちっちゃくてもいいから部屋を借りてさ、最低限、寝る場所だけは確保しなきゃならないし、飯だって食べないとダメだしな。

だから、よく「お金なんか、どうだっていい」と言う人がいるけど、お金のことを悪く言っちゃイケないよな。

あの世だったら、お金がなくったって困らない。どんな立派なことでも、理想なんて、いくらでも、言えるよ。だけど、この世で、神さまから肉体をもらって生きてる以上、食べていかなきゃイケない。裸じゃいられないから服を着なきゃイケないし、布団のなかで寝なきゃイケない。

この基本原理から外れるとマトモに生きていけないから、お金は大切だよ。それと、お金を産みだす、仕事は大切。

たいへんだから、やりたいことをやるか、やらずに死んでいくか

オレは子どものときから、小うるさいこと言われるのも嫌いだし、言うのも嫌いだし。だから、親の言うことも学校の先生の言うことも聞かないで生きてきたんだよ。そんなオレが、こんなこと言うとおかしいんだけどさ。

もし、十六歳ぐらいのヤツが「家を出て、自分で食ってくよ」と言ったら、一人さんは「ちゃんと考えて行動しろよ」って言うかもわかんない。

だって、親はいろんなことを経験して、知ってるんだよ。なおかつ、子どもに苦労させたくないから、アレやっちゃダメ、コレやっちゃダメ、あーしろ、こーしろ、いろいろ言う。

親の言うこと聞いていれば、食べることと寝る場所に困ることはないんだよ。なにもワザワザ、たいへんな思いをしなくたっていいと思うよ。

いや、オレ個人としては、当時、苦労はしてないんだよ。それなりに楽しく生きてたし。

「親父の世話なんかになるかよ！」って家を出た次の日から、飯を食うのも、寝る場所の確保だって、生半可《なまはんか》なことではいかなかった。だからこそ、オレは成長しちゃったんだよ。

大嫌いだったあの親父がさ、中学を出るまで、オレにタダで飯を食わして、寝る場所を確保してくれてたんだ、って。あんなに嫌いだった親父なのに、急にありがたくなっちゃってさ（笑）。飯を食わしてくれたりするのが当たり前と思って、感謝の「か」の字もなかったオレが、感謝できた。

だから、親のことを、すったもんだ、言ってるヤツは、とっとと家を出たほうが、いろんなものが見えてくるから、いいなとは思うよ。思うけど、オレとみんなは違うしな。

人がやらないような難しいことをやるのはオレは大好きだけど。

他の人からしたら、たいへんかもわかんない。

これは、確かに、みんな、やらないよ——というのがあるんだよな。

みんなだって、思春期の頃とか、親の言いなりになんか、なりたくなかったろ。

でも、家を出なかったのは、たいへんな思いをしたくないからだよな、って。

いや、それって正解だと思うよ、ホント、ホント。

人のやらないことをやるなら、生半可な気持ちでやらないほうがいい。もう、たいへん、なんて、もんじゃないから(笑)。

愛弟子C　でも、たいへんだと思って、覚悟を決めてやれば、それはそれで。

だから、「たいへんだから、止める」のか。それとも、「たいへんでも、やる！」のか、だよな。一人さんの場合は、「たいへんでも、やる！」なの。だって、この人生は一回っきりだからね。

オレはやりたいことをガマンしたことが一回もないの。だから、やりたいことをガマンしてやらない人生がどうなのか知らないんだよ。自分のやりたいことをやらない人生って、不幸なのか、しあわせなのか、どっちなんだろう。

確かに、やりたいことをやるって、楽チンではないな（笑）。

だけど、じゃあ、やりたいこともガマンしたら、しあわせですか？　やらないのも、つらいんだよ。

両方ともたいへんなんだとしたら、あなたはどっちの道をとりますか？

――ってことだよな。

痛みが気持ちよさに変わるとき

くだらない話なんだけどさ。たとえば、腹が痛いとするじゃない？

全員に効果、あるかどうかは、わからないけど、腹が痛くなってきたら、こうやって言うの。

「はぁ〜、気持ちいいなぁ、気持ちいいなぁ」

そしたら、痛みが気持ちよさに変わっちゃうんだよ。

実を言うと、痛みを感じる神経と、気持ちよさを感じる神経は同じなんだよ。

だから仕事も、「つらいな」というのがあると思うのね。だけど、腹イタを起こしたときに「気持ちいいなぁ」と言ってると気持ちよくなるのと同じで、「自分は仕事が大好きで、楽しくて」と言ってると、そうなっちゃう。わかるかい？

人間ってね、思いかたによって、起きる現象が変わっちゃうんだよ。

だから、嫌なことが起きたときでも、「楽しいな、しあわせだな」って言ったりしてさ。

嫌なことが起きたって、人間、どこかでウマく転化させちゃうことなんか、ワケないの、誰だってできる。今、あなたは、自分に起きてることは逃れられないさだめだと思ってるだろうけど、どんなさだめでも、実は思い一つで、どうにでも変えられるんだよ。

さだめを変えるための「自由意志」というものを、神はオレたちにつけてくれてる。自由意志ってなんですか？——って、説明すると、これがまた長くなる話でさ、また今度ね（笑）。

ともかく、人間っていうのは、さだめですら変えちゃうような、自由意志という、スゴいものを神から与えられた、唯一の生き物なんだ、って。

そのことだけ、しっかりアタマのなかに叩き込んでおけばいいよ。そしたら脳が勝手に働いて、いろいろやってくれる、そういう仕組みになってる。

だから、つべこべ言ってないで、とっとと、この仕組みを使ったほうがお得だよ、ホントに（笑）。

与えられたものを利用すればウマくいく

この世の中には、あなたがより一層しあわせになるため、成功するために、利用できるものが、まだまだ山ほどある。みんなは知らないだろうけど、この世の中には、ウマくいくような仕組みというか、システムがすでにあるの。

たとえば、ヘンな話、ミニスカートをはいた女の子の足を見ると、男は「あぁ、いいな」って思うよな。

実は女の人も、足を見せたいんだよ。だから、ミニスカートが流行《はや》って、女性たちがみんなミニスカートをはきたがったのは、本来は見せたいんだよ。男が見たいものは、女は見せたいんだよ。そういうふうにウマくできてるんだよ、ホントは。

先人たちは、女は見せたいものを見せ、男はそれを見て欲情して、最終的に子孫を残してきたんだよ。そうやって、世の中がウマくいくようなシステムを神はつくってきたの。

それをいつからか知らないけど、人間が勝手に「これはイケない」とか、「あれもイケない」とか言って、間違った常識で抑えつけるようになってきちゃった。

それで今、自分で自分の首をしめる、みたいなことになってて。そうやって、無駄に縛ってるものが山ほどあるんだよ。

これを、どうやったら楽にしてあげられるだろうか。そんなことを考えながら、一人さんは、話したり、本を書いたりしてるんだけど。

それにしても神さまって、やることがスゴいよな。だってさ、男が見たいものは女も見せたい、そういう本能的なものが長い歴史のなかで抑えられてきただろ。

ところが、最近のファッションを見てると、古代の頃のファッションに近づいてきてる。

うんと昔の女性は、足を出したり、お尻が見えそうな格好をして、それがふつうだったの。それが、「そういう格好をしちゃイケないんだ」って、長い間、抑えられてきたんだけど、最近はまた、スカートの丈が非常に短くなったりして。

要は、人間本来の姿に近づいてきてる、って言いたいんだよ。

それと、ミニスカートとかを着て足を出してる人って、嫌々ミニスカートをはいてるんじゃないんだよね。みんな、自分が着たい服を、自分がステキに見える服を選んで、おしゃれを楽しんでるじゃん。

だから、人間って本能通りにしてると、すっごく、しあわせで、人生もウマくいくようになってるんだよ。本能だって、神さまがつけてくれたものなんだから。

一人さん流の「神的」

本能通りに生きちゃうと、サルとか動物と同じになっちゃって、秩序が保てないからダメなんだ、って思わされてる人が多いんだけど、それ違うよ。

だって人間には、理性というものがあるんだよ。本能通りにしてようと思ったって、ちゃんと理性が働くの。

だから、たかだかミニスカートの女性を見たぐらいで我を忘れて、おかしなことをする男っていないよ。

おかしなことをするヤツは、ロングスカートでも欲情してヘンなことをするんだよ（笑）。

だけど、大多数の男は、ちゃんと理性でもって行動を制御してるの。

それなのに、人はいろんな理屈をふりかざして、他人《ひと》を自分の思う通りに変えたがる、もっと立派さを求めるの。人間は神の叡智《えいち》にまで到達してないのに、指導しすぎるんだよ。

それで、あなた、人間をそんなにシバリつけて、厳しく指導するほど、エラいんですか？　という問題があるんだよね。

それよりも、なによりも、人間は神のつけてくれた本能通りに生きてると、たいがいのことはウマくいくようになってる。もちろん、愛とやさしさは忘れちゃいけないよ。

ともかくね、女の人はおしゃれを楽しんで、キレイにしてればしあわせになっちゃうの。男は女性にモテるために、いっしょ懸命仕事してお金を稼いでだよ、そのうえに魅力を一つひとつ、つけていけばハッピーなの。

オレの言ってることとって、ムチャクチャに聞こえるだろ(笑)。

だけど、実はこれが本当の神的なんだよ。

人生を創造する力を、唯一、創造主から与えられた人間が、その力を発揮できる生きかたなんだよ。

挑戦者にのみ、与えられるもの

オレは子どものときからずぅーっと、自分がやりたいことをやって、楽しく生きて、しあわせなんだよな。

だけど、世間には「自由でいるより、枠をはめてもらったほうが楽でいいんだ」という人たちがいる。

間違ってないよ、実は自由ってたいへんなんだよ。自由でいようと思うと、いろいろ努力しなきゃならないことが多いしな。だけど、それでも、自由は、オレにとっては価値がある。どんな犠牲をはらっても、価値があるね。

それはそうと、独立するって、いつからやるんだ、来月かい？

愛弟子C　今月いっぱいで会社を辞めて、来月からはじめようと思ってます。

サラリーマンを辞めて、自分でやるって、スゴくたいへんなの。成功することもあるし、失敗することもあるしな。

だけど、自分で仕事するとさ、「自分で勝ちとったんだ」という、得がたい喜びがあるんだよな。自分が稼いだお金でセーターを一枚買おうが、なにをしようが、自分で勝ちとったものって、オリンピックで金メダルをもらうより、スゴい宝なんだよ。

親に買ってもらったり、旦那に買ってもらったり、いろいろやってくれる人がいるのも、それはそれで、しあわせなことだよ。

だけど、パートでもなんでも、自分が働きに行って、稼いだお金でフリースのジャケットを買おうがな、「これは、オレが朝から晩まで働いて、勝ちとったものなんだ」と言ってる自分って、誇らしいよな。

フリースだって、ミンクのコートよりあったかく感じちゃうんだよ。

そんなこと言ってて、バカげてると思うかもわかんないけど、当の本人にとっては、本当にそう感じるの。

だから、自分がなにかをやって勝ちとったときの喜びってね、オレもいっしょ懸命伝えてるけど、いっぺん経験しないと、こっちがいくら説明を尽くしても、なかなか伝わらないんだよな。

だけど、一度、あの喜びを味わっちゃうと、あぁ、止められないね（笑）。

オレも、親が金持ちだったから、ちっちゃいときから、いろんなモノを与えられていたけれど、親の稼いだお金でご飯食べたりしてたときと、自分で稼いだお金を自分の好きなようにつかうのとじゃ、ぜんぜん違うよね。

自分で勝ちとる人生のほうが、オレにとったら、ぜんぜん、しあわせ。

だから、これから自分でやってくとさ、最初はお金がなくて、古いアパートみたいなところを事務所にしてはじめたとしても、そこは自分の夢の城なんだよな。

どんなボロ机だろうが、なんだろうがね、「オレの成功の道はここからはじまるんだ」とか思うとさ。やっぱり、いいもんだよ。

なにかに挑戦して、あっちこっちぶつかりながら、それでもやがて、人はなにかを勝ちとっていく。

なにかに挑戦して勝ちとるとね、うれしくてしょうがないんだよね。そうすると、段々、勝って自分がなにかを手に入れた、ということより、挑戦すること自体が喜びになってくる。だから、挑戦したくて、したくて、しょうがないいんだよね。

そうしてるうちに、段々、段々、仕事がウマくなっちゃうんだよ。

最初は、ホントにヘタくそでさ（笑）。

なにをやってもヘタくそでさ、自分とこの商品を、一個売るのもたいへんだったのが、一カ月で一〇個売るようになって、気がついたら、一カ月に一〇〇個売ってみたり。

自分で勝手に、不可能に挑戦しちゃってるんだよね。仕事は、やらされると奴隷の働き、こんな、つらいものはない。だけど、自らすすんでやると、こんな、おもしろいものはない。

たとえば、ほら、キミは体の不自由なお年寄りの面倒を家族でみてる家庭に行って、介護するんだよな。

そっちの業界のことはよく知らないけどさ、たとえば、キミが前に一カ月の指名が二〇だったのを、三〇とか、四〇にしてみよう、とかってやりだしてくると、数字にして追いかけだすとね、数字との戦いってムチャクチャおもしろいんだよ。

オレはよく「仕事はゲームだ」って言うのね。ゲームって、漠然とやったって、つまらないんだよ。

数字にして、「目標達成まで、あといくつ、いくつでーす」とか。

「一等賞とるんだ」とかさ。

そうやってやるからエキサイトして、燃えるんだよな。

向上したい生き物「人間」

人間って、退屈な人生をガマンしてると、段々、段々、おかしくなっちゃって、なかには死にたくなっちゃう人もいる。

ところが、どんなに退屈な人生を送ってた人でも、なにかのきっかけで、「自分はこうしたい」「ああしたい」って欲をもつようになってくると、毎日がおもしろくてしょうがなくなっちゃうんだよね。しかも、自分がやろうとしてることの難易度が、段々、あがっていっちゃう。難しいから無理しないほうがいいよ、って、言われるほど燃えちゃう（笑）。

キミは中古車の販売をしてるだろ。

月に何台売りたいとか、目標を決めるじゃない。達成するとうれしいよな。

販売台数の目標がひと月一〇台だったら、来月は一一とかにするじゃない?

すると、その目標をクリアするのが楽しい。

そうすると、車が展示してあるのを遠くから眺めたり、看板を見て、車の並べかたを変えてみたり、看板を出すだけでなく、のぼりも立てようとか。今まで買った人、全員に電話をかけて、「もうそろそろ買い替える時期じゃないですか」とかって。

前の自分ではまったく考えもしなかったことを、「あっ!」と思いついて、やるんだよ。

そんなふうにやってると、楽しくて楽しくてしょうがなくて、ありとあらゆることを勝手にやりだすんだよ。

だから、人間ってね。目標を自分で立てて、上に行けば行くほど楽しいようにできてるんだよね。横に行くと退屈する。下に落ちると、みじめになる。そういうもんだな。
もし、目標をクリアできなくったって、自分で立てた目標だから、誰に怒られるワケでもない。何度でも挑戦すればいいんだよ。本当に楽しいゲームだよ。

他に質問、ないかい？　なかったらないで、いいんだけどさ（笑）。

愛弟子T　**一人さん、質問いいですか。記憶違いかもしれないですけど、おでこを出すといい、っていう法則、ありますか。**

法則ではないんだ、人間ってね。

愛弟子T　**いわゆる〝第三の目〟を出したほうがいい、とか。**

そういうことじゃなくてな。前髪を額のほうに垂らしてるより、こうやって（前から後ろへなでつけるしぐさ）やると、向かい風に向かってるときみたいに、おでこが出る。風に向かって走ってるときって、前髪が後ろのほうへ流れるでしょ。

それみたいに、男が挑戦的になってるときってね、髪の毛が後ろになびいて、おでこが見えちゃう。

ところが、心が後ろ向きになっちゃうと、前髪がこう、額のほうにたれてきちゃうイメージ、というのかな。

だけど、別におでこを出さなくったって、他にもいろいろな方法があるからな。

それに、成功したかったら、〝第三の目〟よりも、世間の目のほうが大事だよ（笑）。だって、あなたを成功させるかどうかは、他人《ひと》が決めるんだよ。

あなたが変わると、あなたを見る世間の目が変わり、そして奇跡が起きる。

だから、なにかウマくいかないときは、なんでもいいから、自分のイメージをいいほうに変えるといいんだよ。いつも暗い色の洋服を着てたんだとしたら、明るい色にするとか。なにかで、イメチェンしたほうがいいな。

「そんな、くだらないことを」って言う人もいるけど、くだらないことさえやろうとしない。「悪あがきだ」って、あがきもしないで自分の人生、あきらめていいのかい？

こんなこと言うと、また怒られそうだけど、日本の精神論ぐらいじゃないの？　なにもやらないうちから、あきらめさせようとするのは。

そんな精神論って、あるのかね（笑）。

精神論とは本来、しあわせになるためのもの、成功するためのもの

精神論ってしあわせに生きることだよ。人生に成功するためのものが、精神論。

ヨソのがそうじゃなくても、一人さんの精神論はそうなんだよ。

それでな、いいかい。しあわせとか、成功は、行動しない限り、ないんだよ。

宝くじを買わない限り当たらないのと同じで、行動しない、ということはゼッタイに成功しないんだよ。この行動の星で、なにも行動しないような精神論って、それ、なんなんですか？

オレはそういうの、信じられないんだよね。

欲をもつのも、勇気を出すのも、勉強するのだって、成功したいからでしょ。

それなのに、成功しない精神論。やる気を殺《そ》ぐような精神論。行動しない精神論。それって本物ですか？

その理論が、もし正しいんだとしたら、宝くじは買わなくたって当たるよ（笑）。

だけど、そんなことは、ゼッタイありえない。

おかしなことを言ってる精神論って、不幸になる精神論だよな。

だって、オレに言わすと、ほとんどの精神論って、あきらめ論なんだよ。

オレは精神論とは、成功のための精神論じゃなきゃいけないと思うし。

それから、どんな仕事をしていようが、会社でどんな地位・立場にいようが、その精神論で成功しなかったら、ニセモノだよ。

なぜなら、この星は、神さまが〝行動の星〟として創ったから。

だから、介護の仕事をやってる人でも、車屋さんでも、一人さんの精神論で仕事がウマくいってなきゃイケない。なになにの仕事には通用しない、というのでは、本物じゃない。

一人ひとり、全員が成功する精神論じゃなきゃ、本物の精神論じゃないんだよ。

それでね、たいがいヨソの精神論者は欲を捨てさせるんだよ。だから、ダメなんだよ。人間、しっかりとした欲をもたなくちゃイケないんだ。

それから、人にナメられてたら、ゼッタイしあわせになるのは無理なんだよ。

わかるかい？

成功したかったら、勉強もしなきゃイケない。行動もしなきゃイケないんだ。

そういうことを行うために、欲をもつの。欲をもって勉強してだよ、人にナメられないようにして、行動する。こんだけやってれば、成功なんか、ゼッタイ、するよ。こういう人に神は味方、するんだよ。

なぜなら、圧倒的大多数の人間は、そういうことをゼッタイやってないんだから。

いい人だって、行動しなかったら、神は味方してくれないよ。

第一、勉強したって行動しないのなら、勉強する必要はないんだよ。

ガソリンを入れるのは、走るためだろ？　走る気もないのに、ガソリン入れて、どうするんだよ。

勉強するとアタマがよくなる。じゃ、アタマよくして、あなたは一体なにに挑戦するの？　アタマのなかにたまってる情報は増えるかもわかんないけど、行動しないでガソリンをずぅーっと入れてたら、こぼれるゾ。オレたちが、アタマに入れるのは、その知識をもって、みんなの役に立つ行動をして、新しい社会を切り開くためにやるんだよな。そうじゃない答えがあるなら教えてよ（笑）。

オレ、今、真剣に言ってるんだよ、わかるかい？

この星は、行動の星なんだ。

自分が仕入れた知識、学んだことが、この世でホントに通用するかどうかを試せる星なんだよ。この地球という星がかけがえのないのは、自分の勉強したこと、一人さんの教えが、正しいかどうかが試せる星だからなんだ。

それで、一人さんの精神論は、まるかんの社長たちやなんかが実践済みなの。

わかるかい？　いや、わかんなくたっていい。実践してみりゃ誰だって、勝手にわかるから。

そのとき、その場の最善に挑む

オレたち人間は、本来、明るくて建設的で、最善を求める生き物なんだよね。

だけど、最善というのは、一個ではない、いくつもあるの。

一時期、「これこそが最善だ」と思うものは出てくるの。

だけど、しばらく経つと、その最善を上回る、もっと、すばらしいものを誰かが考えだす。そしたら、人はそれを手に入れたい。

だから人は、もっと上、もっと上に、って挑戦し続けるんだよな。


挑戦するためには、同じ手を使って挑戦するんじゃダメなんだよ。次の手で挑戦するんだよ。次の手を出すためには、知恵がいるよ。

だけど、挑戦するのには、勇気がいる。勇気は欲から出るんだよ、挑戦するためには欲がいるんだって。


だから、なにかに挑戦しようと思ったら、いい女をオレのカノジョにするんだ、洋服を買うんだ、マイホームを持ちたいんだ、その「正当な欲」が必要なんだよ。

欲のないヤツに勇気なんか、ゼッタイ出ないんだよ。人間って、神さまがそういうシステムで創ってくれてるの。

一人さんが言ってることが正しいか、「欲は捨てなさい」という精神論者が正しいのか、実際にやって確かめてみようと、オレは言ってるの。

ちなみに、オレは不況がきても、なんにも怖くない、なにがきてもいいの。

だって、神さまはゼッタイ、オレを守る。なぜなら、オレはみんなに山ほどしあわせになってもらいたい、成功させたくて言ってるんだよ。

しかも、オレは自分で仕事して稼いで、税金もちゃんと納めて、しゃべってるんだよな（笑）。わかるかい？

精神論者は、自分で稼げないから、みんなからお金をもらってる。

もっと言うと、「欲を捨てろ」とか、言った通りにやらすと失敗しちゃうから、「なにもやるな、やるな」なんだよ。

だから、日本の精神論は、失敗論なんだよ。やる前から失敗論なんだよ。

行動の星で、行動しなかったら、ぜんぶ失敗。オッケーですか？

みんな、せっかく勉強してるんだから、挑戦しよう。

挑戦してな、いちばん最初に手に入れたお金で、フリースのジャケット買ったってね、ミンクのコートより、あったかいんだよ。

そしたら、また次に挑戦して、またもうひとつ上に挑戦して。

そんなふうに生きて、魂のふるさとへ帰ったとき、「めちゃくちゃ楽しく生きてきました！」って、神さまにご報告できる。

その、挑戦することが、自分のためにもなって、みんなのためにもなる、としたら、いちばん、うれしいな。

だから、お互いがしあわせになることに挑戦する、相手のためになり、自分のためになることに挑戦し続ける人に、神さまはゼッタイ味方するんだよね。

キリストだって、「世界を愛で包みたい」という大欲をもってたんだよ。釈迦が厳しい修行をなし遂げられたのも、「人を苦から救いたい」という欲があったから。だから、行動の前には必ず欲があるんだよ。

ボクは欲がないんです――っていうヤツは、ゼッタイ行動しないから、見ててみな。

行動の星で、行動してないこと自体が失敗なの。運動会に出なかったら、かけっこだろうが、なんだろうが、最初から負けだ。どんなゲームだって、やらなかったらゼッタイ勝てないよ。だから、なんでもいいから正しい欲をもって、挑戦してな。

いいかい、行動は、勇気がなきゃできないの。勇気は、欲がなきゃ、出ないんだよ。

知識はガソリンと同じだからな。走らないヤツがガソリンをいくら入れたって、人生なんにも変わんないよ。

本当の「神頼み」「神がかり」

いろんなことに挑戦しだすと、いろいろなことが起きるな。

だから人は挑戦するのが、怖いんだよ。不安なの。

だから、挑戦して、はじめて、神頼みが要《い》るんだよ。

挑戦しないヤツが神頼みをする必要なんか、あるのかね（笑）。

いい大学入りたいとか、いい高校に入りたいとか、そういうときに、お参り行くじゃないか。

だけど、落っこちたからって、その人の人生に劇的な変化をもたらすことはないんだよな。ホント言うとな。

いや、落っこちた本人は落ち込んだりすることもあるとは思うよ。だけど、志望校に受からなかったことで、食いぶちがなくなるとか、家がなくなるとか、自分が生きていくところがなくなるとか、そういうことはないんだよ。

だけど、自分ができなかったことに挑戦したり、仕事の挑戦とかって、たいへんなんだよ。だから、神頼みだろうが、なんだろうが、なんだってしたくなるもんなの。

あ、言っとくけど、神頼みといったって、神さまにだけ、頼ってんじゃないんだよ、自分でもいろんな努力してるの。

そうやって、挑戦し続けるとね。もっとこうしよう、次はああすればもっとよくなるんじゃないか、って。それがワクワクして、楽しいんだよな。

だから、挑戦をいっしょ懸命しだすと、いろんなことがしたくなって、人生がますますおもしろくなっていくよな。そこがまた、挑戦のいいとこだな。

あ、そうだ、神がかりって、どういうものか知ってるかい？


自分ひとりぼっちだと、人間って弱いんだよ。

だけど、「仲間がいる！」と思うと強いんだよ。

それと、「自分には神がついてる！」と思う。

そしたら、力が湧いてきて、くじけなくなってくる。これが神がかりなんだよ。

自分ひとりではウマくいかないことでも、神と一緒ならできる気がする。それって人生にとってデカいんだよ。

オレは、人を味方にしたいし、神も味方にしたいし、一人さんにふれるものは、みな、味方にしたいな。それがいちばん、いい生きかただと、オレは信じてる。

すべてのよきものを味方につける生きかた

みんなが一人さんに会ったとき、味方したくなっちゃうような生きかた――それって、会った人だけが得するようなもんじゃないよ。

一人さんもハッピーで、会った人もしあわせになっちゃう、そんな生きかただよね。人に嫌味を言ったり、憎まれ口をたたいていたら、味方になってくれる人はいないよ。

だけど、あなたがナメられてたり、みんなの犠牲になるような生きかたをしてたら、誰か喜ぶ人でもいるんだろうか。

一人さんの場合、仲間がそんなふうに生きてたら、オレは黙ってられない性質なんだよ、ぜんぜん嫌なの。

神もそうだよ、きっと喜ばない。

喜ばなかったら、「この人の味方をしよう」とは思えないよ。

だから、神までもが味方したくなるような人になるんだ——って、言ったとき、神が「この人だ」と思ってくれるような生きかたをすることだよな。

そういう生きかたって、なんだろう。

答えは一個だけじゃない。人間って、それぞれ解釈の違いがあるんだよ。

わかるかな？

オレは、自由で、楽しくて、人に愛されて、というのが、最高の生きかただと思ってる。

神が味方する生きかたは、キリストみたいな生きかただと思ってる人もいて、それはそれで正しいの。だけどオレはオレが正しいと思ってるんだよ。

そして、女は女でしあわせになり、男は男でしあわせになり。

オレは相当言いたいこと、言ってるけど、一人さんの話が大好きだっていう人がいるんだよな。

全員から好かれようと思って、言いたいことの八割も言わない人、いっぱいいるけど、だからって、オレより好かれてるワケじゃないよな（笑）。じゃ、言いたいことを言えば好かれるんですか？　って。言いたいことを言って嫌われる人、いっぱいいるよな。

簡単に言うと、人間って、自分の地を出して、好かれる人間になることだよな。

地を出して嫌われるんだったら、そろそろ自分の変えどきだよな。

地を出して好かれる人間になるために、オレたち生まれてきてるんだよ。

今日も明日も、オレも地を出していっしょ懸命、しゃべっても、やっぱし、「一人さんの話、聞きたい」って言われるようになることが、オレの目標で。

愛弟子B 一人さん、お迎えの車がきました。

あいよっ。

じゃ、みんな、ごくろうさん。

またな！

第4章

ナメられない生きかた

いい人なのに成功しないのは、ナメられてるから

オレたちは精神的なことが大好きで、ここにくる人たちも精神論をやってるんだけど。

どうせやるなら、実践に使える精神論だよな。だってさ、やっぱり、どんな立派なことを言ってても、職場でよく働いて、愛されないと、しあわせじゃない。不幸になるようなものは、精神論じゃないとオレは思ってる。

だから、職場でも使える人になって、社会でも通用する。

「あの人、いいよね」と言われるような生きかたをして、自分がしあわせで、周りの人もしあわせにできて。それがいちばんんだな。

それは理想ですよ——って言うけど、人は理想に向かうもんだよな。

「理想」だからって、あきらめちゃダメなんだよな。

オレは、お弟子さんがオレの機嫌をとったことがない、って言うぐらい、機嫌がいいんだ。なぜ機嫌がいいかというと、オレが自分で機嫌よくしているんだよ。

「一人さん、いつも笑顔ですね」

オレは、いつも笑顔にしているの。明るく楽しくなっちゃうようなこと、いつも考えてる。

いつも暗い人、いるでしょ？

それ、暗くしてるんだよ、自分で（笑）。ホントだよ、隣の人が暗くしてるんじゃないんだよ。間違いなく、自分で暗くしてる。

ボランティアと言うけど、最高のボランティアって笑顔だよ。明るい話をするとか、それもボランティアだ。だから、暗ーい顔してボランティア、行っちゃダメな（笑）。暗くなった時点で、もうボランティアになってない（笑）。その顔でボランティア行くの、止めてよ、みたいなことってあるよね（笑）。笑顔で行かなきゃダメだよな。

愛弟子X　**職場でニコニコしてると、結構、いじられるんですけど（笑）。みんなが嫌がるような仕事も、オレだといっぱい頼みやすいみたいで、バァーッと頼まれるんですよ。**

出世の糸口ってそういうもんだよ。いろんな仕事を頼まれるようになると、しばらく経つと、必ず出世するの。だから、いじられたって、そうやってやってるほうがいいんだよ。

それでな、急に笑顔にすると、「なにがあったんだ?」って、周りは思うに決まってるんだよ。「なんか、ヘンな宗教に入ったんじゃないか」って(笑)。

そんなことを言うヤツはそういうヤツなの。

正しいのは、あなたなの。

だって、笑顔のほうがいいに決まってんだよ。

グチとか不平不満、泣きごとだとか、聞いてる人間が暗くなったり、嫌な気分になるような地獄言葉を言うよりも、「ついてる!」とか、「感謝してます」とか、「ありがとう」とか、心が明るくなったり、気持ちよくなるような天国言葉のほうがいいに決まってんだよ。決まりきったことをやらないのは我が強いんだよ。

笑顔のほうがいいに決まってるんだよ。いいに決まってることは、やればいいんだよ。

ただ、今までやったことのない人間が〝いいこと〟を急にやりだすと、たいがいの人間は「あれ、どうしちゃったんだろう」って思うんだよ。だけど、そういう周囲の目をものともせずやってると、すぐに「この人は、すばらしい人間なんだ」と思ってくれちゃう。ゼッタイ、周りの人間は「あいつ、よくなった」って、心のなかで思ってるんだよ。

そりゃ当然だよ、ブスッとしてるヤツより、明るいヤツのほうがいいに決まってるんだから。

愛弟子X　そうですよね。

だから、それをやり続けてると、半年か、一年もすると、周りも「この人はそういう、すばらしい人だ」と思っちゃうんだよね。

それで、仕事も倍、頼まれると、倍、働ける。それって、キミの会社としてはゼッタイ、お得なんだよ。似たような能力の社員が二人いるとして、社長が出世させたいヤツはゼッタイ、会社にとってお得なヤツに決まってる。

だから、キミは正しいことをやってるんだから、ここで嫌になっちゃ、ダメなんだよな。

自分はいっしょ懸命、正しいことをしてるのに、他のヤツはできてない――って、別にたいした問題じゃないよな。だって、学校に行ってた頃、みんなが〇点とって、自分だけ一〇〇点とったら気分いいよね、嫌にならないだろ？

だから、みんなが笑顔になれないときでも、自分だけは笑顔でいるんだよな。

愛弟子X　自分の場合、電気工事屋なんですよ。で、部下が一〇人ぐらいいるんですけど、部下が最近、自分に結構、わ

がままを。自分がニコニコしてるから、わがままを聞いてくれる、っていうカンジで。

それはまた違うんだよ。

人間を指導する、ということ

あのな、一人さんはいつもニコニコしてるけど、やりかたを知らなくて間違ったことをしてる人がいたら、「ちょっと、ちょっとおいで、いい話あるから」って。

相手を呼んで、ちゃんと、やりかたを教えるんだよな。

それか、「それはおまえの仕事なんだ、オレに頼んじゃイケないんだぞ」って明確に教えてあげなきゃイケない。

なぜなら、あなたは指導者だから。指導者が怒る必要はないの、教えればいいだけ、笑顔で教えればいい。

だから、部下がいるなら、部下に、「オレがやさしいのは、オレの愛なんだ。おまえら、ちゃんとやれよ」って言えばいい。

「オレがやさしいからって、なんでも、わがまま、言ってもいいんじゃないゾ」って言えばいいの。そういう生きかたしてたら、人間としてハジなんだから、「そういうの止めな」って言ってやらなきゃ。

愛弟子X　あの、自分もそう言ってるんです。

だとしたら、伝えかたが悪いの。

「相手が悪い」と言ったら、そこでもう終わり、相手のせいにしたら、進歩はないよ。伝えかたが悪いと思わなかったら、なにも解決にならない。

愛弟子W　じゃ、どんな感じで伝えたらいいんですか？

わからないな。なぜなら、ケース・バイ・ケース、キミの事情と、他の人の事情と、全員、置かれてる状況が違うんだよ。彼が今、直面しているこの問題は、彼が神さまから与えられた〝成長の階段〟なの。だから、彼が、自分の部下に伝えるにはどういう話しかたをしたらいいだろうか、って自分で探すしかないの。

愛弟子X　それで、また、元請けには無理な仕事を、結構、バーッと頼まれて、部下にはなんか、こう。

そこをウマくこなすのが、この人の今の仕事なの。

そうすると、必ず、部下からも信頼されて、元請けからも信頼されて。「あそこにスゲーヤツがいるゾ」と言われる。

だから、部下から信頼されて、元請けからも「あいつ、スゴい」って言われる。

それで、「どうやって仕事をこなせばいいですか？」ってオレに質問してもオレにはわからない。

なぜかというと、オレに起きた問題じゃないから。逆に、オレに起きた問題の解決法を彼に聞いたって、ゼッタイに答えられない。わかるかな？

ゾクゾクするほどおもしろい！自分が変わるような仕事

一人ひとり問題が違うからな。

ただ、起きた問題を解決するときの、心がまえというか、考えかたは共通してて、自分の魂が一つ上にいけばいいんだよ、人間的に成長すればいいいの。

簡単に言うと、元請けも部下もあなたのことを「さすが、この人はスゴい」と思っちゃうように、自分を改良するの。

仕事とはね、その仕事を通して自分が成長したときが、仕事もウマくいくし、おもしろいの。だから、今まで通りではダメなことだけは確かなの。だって、行き詰まってんだから。

で、社員も変わらないし、元請けも変わらないの。人は変えられないの。変えられるのは、自分だけ。自分の持ちゴマは自分だけなんだよ。わかるかい？

あなたが成長するために、神さまが問題をくれるの。

で、ゼッタイ、ダメなのが「相手が変わってくれないかな」と思うことなの。

これはゼッタイ、ダメなの。これ、もう、ルール違反なの。で、ゼッタイ、相手は変わらないから。
相手なんか、変わんなくていいの。元請けがわがままだったら、わがままでいいの。で、自分が変わったときって、相手が変わっちゃうの。不思議なんだけど。

あのね、自分を変えずに相手を変えようと思ったとき、世の中がずぅーっと変わらずにいくの。自分が変わればいいの。

ともかく、いろんなこと考えてな、クリアしてな。

やさしさと強さ、そして愛と

愛弟子Ｘ　でも、一〇人もつかえるようになったのは一人さんのおかげです。

わがままな職人さんをつかえるようになったのは、一人さんの、「そうですよね」「あぁ、そうですよね」。

これをずーっと繰り返してたら、徐々に、徐々に、人が増えていった。

奇跡ですよ。

やさしいんだよ。キミは、やさしいんだよな。

みんな、今、この人、質問したでしょ（＊編集部註　部下からはわがままを言われ、元請けからもバーッと無理な仕事を頼まれてしまう）。

解決方法、知ってる人いるかい？　自分ならこうする、って。

愛弟子Z　はい、一つひとつ、やり方を変えます。

自分が納得するまで。

相手を直そうとしたら、直らないですよね、反発くっちゃうから。

ボクも最近、それ、経験してて（笑）。

愛弟子X　はさまれちゃう、上と下で。

愛弟子Z　ボクの場合は、自分を殺すしかないかな、と思って。ガマンして、いいほうに、いいほうに。自分を気持ちよく過ごさせようとする。

それ、マルです。いや、意見は全部、マルなんだよ。間違いはないんだよ。

愛弟子T　ボクだったら、ま、できるできないは別として、他の元請けを探す。

愛弟子X　してます、してます。積極的に逃げるとき、あります。このあいだも、上から厳しいことを言われて、積極的に逃げよう、ってなって。言い返さないで、帰ってきて。そこの仕事を止めて、違う仕事に切り替えました。

他には？　わたしならこうする、っていうの、あるかい？　イヤ、全部、正しいんだよ。意見に間違いはないんだ。

愛弟子Q　自分だったら、個人的に飲みに行ったりして、ホンネを聞く機会をつくるかなー、と。やってらっしゃると思うんですけど。

愛弟子X　職人さんって、結構、わがままなんですよ。なかなか、やってもらうには、なかなか、こう。

結構、ガンコな人多いんで。

愛弟子A　その人が気持ちよく働けるような、言葉とか。

愛弟子X　そうしてます。

だから、なんか、「なんで自分についてくるんだろう」って、不思議なんですよね。

愛弟子B　職人さんって、ほめるとか、認める感じでほめると、がんばってくれますよね。

愛弟子X　そうなんです。

一人さんの本を読んで、「あぁ、すごいですね」って言ってたら、つかう人間の数が増えて。

愛弟子M　わたしのはゼッタイ、正解ではないと思うんですけど（笑）。

わたしの特殊なやりかたで。

間違いはない。わたしならこうする、と言ってるんだから別に。「間違い」というのはないの、いろんな意見があるんだからな。

愛弟子M　わたしは、いちおう、お客さんの言うことはゼッタイ、という環境のなかで仕事をしています。

職人だろうが、なんだろうが、言われた期日を守るのが鉄則だし、こっちがこうして欲しいということを、わたしとしては相手に誠意を尽くして伝えているワケです。

それに対してブツブツ言う人の相手をしている時間は、わたしにはないので、「じゃ、もういいです、わたしが、それ、やりますから、あなた、もう、ご退場ください、リングから降りてください」って言います。

愛弟子X　そしたら納期に間に合わない。

愛弟子M　うん、だから自分がやるって、腹をくくって。

ちょ、ちょっと待って。これルールがあるの。質問の答えに対して、「いや、それはできません」ってのは、言っちゃイケないの。

ただ、「なるほど」って感心すればいいの。

自分にとって最高に正しい意見

ここの人たちは、キミの事情を知らないの。

キミは、ただ、みんながしゃべってるのを、「なるほど」と思って聞いてればいいの。なぜなら、この意見を否定すると、次に出るかもしれない、いい意見が出なくなるかも、わからないの。

意見を聞くときには、聞く側の態度というのがある。

「それはできないんだよ」って、それは自分の事情なの。自分の事情を言っちゃダメなの。

なぜかというと、他人《ひと》の意見を聞きたいの。だから、ただ感心してればいいの。

「なるほどね」って言ってればいいの。

そうすると、総合すると、いろんなことがわかる。

いろんな人に、いろんな意見がある、ということがわかるの。

だけど、キミが今、直面してる問題を解決しようとするとき、参考には、ほとんどならないの（笑）。なるワケないんだよ、キミはプロで、それに対して素人が言ってるんだから。素人が言ったことって、そんな役に立つワケがない（笑）。

ただ、他人《ひと》がどういうことを考えてるか、聞いてみるとおもしろいの。たいがいの意見は、使えないの。キミじゃないから。だから、あなた、気にしないで意見どうぞ。


愛弟子S　いちおう、わたし、建設業なんで。

お客さんの言うことは、一度受けた以上は、ゼッタイなんですけど。

やっぱり職人さんに対して、職人さんが働きやすいような、環境を少し

でもつくる努力をする、それを職人さんに見せてあげる、納得させる。たとえば、図面が遅い場合、それをどうやって自分が早めたのか、職人さんに伝えて知らしめる。自分で動いて、知らしめる。というのが、わたしはいいと思います。

はい、マルです。もうね、全部マルなの。で、彼は、あと、三カ月もすれば乗り越えることを自分で考えるから（笑）。

それより、時々ね、こういうこと話してると、人がなに考えているのか、聞いてみると、おもしろいの。勉強になるしね。でも、サイコーに正しい意見って、彼しか出せないの。わかるかな？

みんなは、一人ずつ個性が違うから。オレならこうやる、というだけのことでね。それをやったとしても、たぶん、ウマくいかないかも、わからない。

そうすると、また自分なりの答えを考えるんだな。

じゃ、オレの意見ね。オレの意見も合ってないんだよ。

一人さんなら、どうするか、っていう話なんだよね。

もし、みんなが全員、オレの部下だとするじゃない？

電気屋で。事情が違うかもわかんないけど。ともかく、一個だけ言えることがあるの、実社会で。

ナメられたらダメなんだよ。これはゼッタイ、ダメなんだよ。

だって、部下がいたとしたら、部下はキミを信頼してなきゃイケないんだよ。

「守って守られて」が、お互いのプライド

オレは怒ったことないけど、みんなはオレのこと恐いんだよ。わかるかい？

だって、みんなは、斎藤一家なんだよ。だから、オレのこと、信頼してんだよ。

オレはみんなのためだったら、元請けとでも、なんとでも戦うの。だけど、みんなも、ちゃんとしてくれよ、って。

まるかんの人やなんかに言うの、「嫌な客に、アタマ下げてまで買ってもらうことない」って。みんなにそこまでさせて利益を出したくないんだ。

だから、みんなのことはオレが守るけど、みんなはオレを守れ、って。

おまえらがヘンな仕事したら、オレが恥をかくんだよ。だから、オレはみんなを守るけど、おまえらはオレを守れ。そうやって、オレは堂々と言えるの。

キミら愛弟子のことだって、オレは守る気、十分なんだよ。じゃ、愛弟子のキミたちは一体なにをするの？　一人さんを守るに決まってるじゃないか。

オレが健在なうちは、みんなを困らせるようなことはゼッタイないの。だけど、片方だけが守って、自分たちは守られてる。そうやって、一方にばかり負担がかかっている状態は長続きしないんだよ。

人間というのは、おんなじ存在、対等なんだよ。だから、それがお互いのプライドで。わかるかな。

要するに、オレはみんなのことを認めているんだよ。
それで、オレはみんなのために、いっしょ懸命、こんなにしゃべるんだよ。
じゃ、みんなは、なにをするんですか？
ウチの人たちは、外に出かけてって、一人さんの教えを伝えてくるの。
誰かから言われなくたって、それができてるんだよ。
それは、その人なりの、オレに対する礼の尽くしかたなんだよな。
こういう、お互いの気持ちがなかったら、対等な関係なんかできないんだよ。
ね。それがオレの理論、哲学なの。

一目置かれる人は、戦うときには戦う

だからね、人は威張《エバ》っちゃイケないけど、ナメられちゃイケないの。ナメられたら、仕事にならないの。これが現実の世界なの。

そんなことがわかってて、はじめて仕事とかができるの。ホントなんだよ。

あのね、人が一目置くっていうのは、やさしいだけじゃダメなの。

戦うときには戦わなきゃダメなの。

だから、ホントに。

いくら上の、元請けだろうが、筋の通らないことを言ってきたときは、これこれこういう理由で無理ですよ、って。筋の通らないことのために戦わないとダメなの。

何でも「はい、はい」って言ってたら、世の中、通るかって、そんなことはゼッタイないの。「あいつはなんでも、『はい、はい』って言うヤツだ」ということになっちゃうの。

だから、オレは、おまえらを守るために死に物狂いで戦う。おまえらはオレを守れ、って。そんなもんだよ。

第一、職人の世界って、男の世界だからね。男の世界って、理屈じゃ通らないんだよね。

それで、男ってね、結構、男の人で、オレのファンがいっぱいいるんだけど。

最後には、男がホレるのは男気《おとこぎ》なの。

男気がないとダメなの。男の世界で男気がなくてウマくいくのは難しいな。

キミの場合、男気のある顔してるから、男気でいけばいいの。

おまえらのことはゼッタイ守ってやるけど、おまえらはオレを守れ！って。

弱虫は、「おまえらは守ってやる！」って言うけど、「自分を守れ！」って言えないんだよな。

だけどオレは、人は対等だと思ってるの。だからオレは、ウチのお弟子さんやなんかにも、「オレを守れ！」って。おまえらの仕事は、オレを守るしかないんだ。

大将のこと、殺しちゃいけないんだよ。ホントにそうなの。

そしたら、オレが生きてる間は、みんなを必ず守ってやる！

だから、守られっぱなしなほど、弱い人間、集めたってしょうがないの。

それで、ウチの人たちに弱い人間は一人もいないんだよ。みんな、喜んでオレのことも守ってくれてる。だって、守りたいんだもん、好きな人のことは。

オレも喜んで、みんなのためにできること、するんだよ。

オレがここへきて、いっしょ懸命、しゃべってるのだってさ、このままだといじめられっ子になっちゃうような子が、いっぱいいるんだよ。オレの弟子になった以上、ゼッタイ他人《ひと》にいじめさせないからな。おまえがいじめてるヤツは誰だと思ってんだ。斎藤一人の弟子だゾ。こいつをいじめる、ってことは、オレを敵に回すことだゾ。

そうは言ってもな、みんなここを出たら、それぞれの生活の場で生きてくんだ。だから実際は守ってあげられないこともあるんだよ。

だから、ナメられるようなこと、しちゃイケないの。

威張《エバ》っちゃイケないけど、ナメられちゃイケない。わかった?

理由なんて、いらない　なぜなら、仲間だから

あのな、キミがケンカしてたら、理由なんかいらないんだよ。

仲間がケンカしてたら、理由なく助ける。なぜなら、仲間だから。

友だちが、自分のところに逃げてきたときに、「なにがあったのか、ワケを言ってごらん」って、ふつうは、言うんだよ。

だけど、キミが逃げてきた、ということだけで、助けてやるんだよ、オレは。

仲間が「助けてくれ」と言ったら、助けるんだよ。

仲間っていうのは、そういうものなの。じゃなかったら、仲間になんか

しないの。「友だちだ」って、友だち面《づら》すんの、止めな、って。友だちって、そんなもんじゃないよ。

オレだって、最初に弟子をつくったときにな。はなゑちゃんやなんか安心してられるのは、なにがあったって、オレは見捨てないからだよ。向こうがオレを見捨てない限り、見捨てないんだよ。

オレはそういうふうに決めて生きてんだよ。

オレが頭にくることって、一個しかないんだよ。

「一人さんにはオレがいなきゃ困る」と言う人がいたとき、オレ（一人さん）が困るか、おまえが困るか、やってみろ。そこまで言われて「そうですか」って引っ込んでるような性質じゃないんだよ、オレは。じゃ、どっちが困るか、やってみろ、って。
オレは人にケンカを売ったことはないけど、売られたケンカを買わないほど、弱くはないんだよ。

あのな、「愛」って強さなんだよ。ホントに、愛のあるヤツは強いよ。オレはなにがあっても、マイッタなんか、しない。そうやって、ずっと生きてきたの。こういう生きかたが、オレ、大好きなの（笑）。

だから、こうやっていっしょ懸命やってな。愛をもって、いろんな言いかたまで考えて。それを、やさしいからって段々、段々、図に乗るなんて、ふざけんな、って。

愛に対しては、愛で応えるものなんだよ。

愛に対してわがままで応えるヤツが、どこにいるんだよ。無償の愛に対しては、無償の愛で応えるの。それを、わがままで応える。

そんなのは、世界中、どこ行ったって、通らないんだよ。おまえみたいなヤツが通る世の中なんてないゾ。

いかがでしょう（笑）。

愛弟子M　**サイコーです（笑）。**

ハハハ。だけど、ホントにそうなの。

これが愛

無償の愛ってのはな、無償で出すんだよ。

だけど、それに対して、無償の愛だからって、返さなくていいんだ、じゃないんだよ。無償の愛をもらったほうは、無償の愛で応えるんだよ。

それを、わがままで応えるヤツがどこにいるんだよ！

そんなこと言ってたらな、この世の中、闇になっちゃって、段々、無償の愛すら出すヤツがいなくなっちゃうんだよ。そんなことはイケないの。イケないことは、どこまでいってもイケないの。わかるかい？

わかんない人間は、無償の愛を受けたことがないから、どう対処していいか、わからないんだよな。わからないから、そういう対処するんだよ。

だったら、無償の愛がどういうものか、ちゃんと教えてやればいいんだよ。

たとえば、みんなはオレの会社の従業員だとする。

で、オレが飯、ごちそうするだろ。

そしたらな、この人があと三日で辞めるとするよな。

ごちそうした翌日に、彼女を「ちょっと、ちょっと」って。

「昨日、オレに、飯をごちそうになったよな。ごちそうさま、って言いなよ」って。

いや、別に、三日後に辞めるから、言わなくったっていいんだよ、本当は。

だけど、オレに言わないぐらいだから、ヨソでも言わないよな。

そうすると、その子の人生がおかしくなってくるから、「ごちそうさま」だろって。

ごちそうになったら、「ごちそうさま」なの。これ、あいさつと同じで、当たり前のことなの。朝、おひさまが昇ったら「おはよう」と言うのと同じで。ごちそうになったら、「ごちそうさま」と言うんだぞ、って教えるんだよな。

これが愛なんだよ。

そんな、細かいこと言って、細かい男と言われたくない、じゃないんだよ。

教えなきゃイケないことは、その人のために教えてあげるんだよ。

だから、やさしくしてやったら図に乗った。そのときは、「おまえら、おかしいゾ」って。

どこにいたって怒鳴ってばっかりの監督がいるなかで、オレはやさしくしてるんだよ。

「それに対して、おまえらの態度、間違ってると思わないか」って。

「ちょっと一回、話しあおうよ」って。

修羅場を潜り抜けてきた人の貫禄

徳川家康《とくがわいえやす》ってね、すっごい慎重だったの。

一回ね、崖みたいなところを通ったことがあって。

で、家康って「馬の名人だ」って言われてたの。だから、家康はどうやってあそこを渡るんだろう、って、みんな見てたの。

そしたら、馬から降りて、馬の後ろから歩いてきたのね。

ハハハ、それぐらい、あの人は用心深い。

ところが、その用心深い家康が、武田信玄《たけだしんげん》が攻めてきたときにね、天下の武田の騎馬隊に猛然とね、突撃かけたんだよね。

それで、一騎討ちしたの。

一生のうち一回ね、アレをやっておいたからナメられなかった。

だけど、ナメられたら終わりなんだよ。人間、いつもおとなしいだけじゃダメなんだよ。「丸くとも、ひと角《かど》あれや、人心」、と言ってね。人間、まんマルじゃダメなんだよ。ここいちばんのとき、「これ、おかしいですよ」って言えないと。

上役に、誰もなにも言えないときにでも、一発バツンッと言っておくと、「あいつ、骨があるよな」って、一目置かれるようになるの。「あいつはおとなしそうに見えても、言うときは言うよ」って。

だから、明らかにそういう不当なことを言う、上役とかにね、「それ、おかしいですよ」ってバツンッと一発言うと、世間にナメられないの。だから、一生のうち一回ね、それやらないとダメだよ。

おとなしいだけだとナメられるんだよ。オレ、おとなしい、って、スゴくいいことだと思ってんの。やさしいのも、いいことなの。だけど、それを受け入れられる土壌がまだないんだよ。みんなの魂がそこまで成長してない。だからといって、腕組みして、成長するのを待ってるだけって、できないんだよ。わかるかい？

そんなことしてたら、あと千年ぐらい、弱いヤツがいじめられる状態が続いちゃうんだよ。だから人間、誰だって、一発、言わなきゃならないときがあるの。

そういうときは、ちゃんと落ち着いて言うんだよ。

正しい答えをキミが知ってるんだったら、みんなの前で堂々と言えばいいんだよ。そういうときはズバッと言っても、なんの問題もない。だって、そういうときはたいがい、みんなも言いたくて、だけど、言わずにぐっとこらえて、ここまでつかえてるんだよ（笑）。だから、言ったら仲間はずれになる、ってゼッタイにないよ。

いつも困らせるヤツって、いるの。

ソイツにガツンと言うと、たいがい、周りの人は「よくぞ、言ってくれました」になるから。そんなもんだよね。

生きざまにホレてついてくる

結局、最後には男気《おとこぎ》なんだよね。

忠夫ちゃん（＊編集部註　一人さんの弟子の一人で、まるかん社長の遠藤忠夫さん）でもなんでも、わんぱく坊主でね、学校時代は番長だからな。

それで、そういうヤツほど、オレのことが大好きなんだよ。

なんで、オレのこと好きかっていうと、はっきり言うんだよ、オレは。

「おまえ、オレを守れ。オレはおまえを守る」って。

男気って、とやかく言うことないんだよ。

人間ってのは、男が男にホレてついてくるの。女は女で、ホレてついてくるんだよ。だから、人にホレられるような生きかたをしないとダメだよな。

まぁ、いろいろ言わせてもらったけどさ。オレたちの意見を参考にして、アタマのなかグルグルってやって、考えりゃ、いいアイディア出るよ。

愛弟子X　相談してよかったです。

ホント、顔晴《がんば》ってるもんな、キミは。顔が、最初ここに入ってきたときと、ぜんぜん違うから大丈夫だよ、今のキミならきっとウマくいく。

愛弟子X　**ありがとうございます。**

最後に、言わせてもらいたいんだけど。精神論ってね、自分論なんだよな。他人《ひと》をなんとかしよう、っていう、理論じゃないんだよ。

それと、一人さんは、自分の名前が世間に知られるようになったからって、世間の目を気にして、言いたいことも言わないのは嫌なんだよ。オレは、自分の思ってること、楽しいことを言ってね。だからオレは思ってるから、言いたいこと言うんだよな。オレは言いたいことを言うけど。それでもさ、オレのことが好きで、話を聞きたい人だけが集まってきてくれる、ありがたいね。

おかげさまで、今日も言いたいこと言わせてもらって、楽しかったです。

みんな、ありがとう。

追伸――愛弟子Xこと、佐久間純一さんのその後の報告

平成二十四年八月二十五日に偶然一人さんにお会いして、アドバイス通りに「威張《エバ》っちゃいけない、ナメられちゃイケない」ということを脳にインプットしましたら、朝礼の際、部下たちに毅然《きぜん》とした態度で言うべきことが言えました。

また、元請けさんに対しても、自信をもって提案するようになってきま

した。

そうして段々、段々、部下や元請けさんの、わたしを見る目が、「この人、今までとちょっと違うな」的なカンジになってきて、最近では、みんなに頼られている実感があります。

一人さんのおかげです、ありがとうございました。

（平成二十四年九月九日開催愛弟子勉強会より）

おわりに

一見すると感謝できないようなことにも「感謝してます」と言うと、世間が変わり、あなたの人生も変わるよ——ということを、今まで、わたしは言ってきたんです。

前は「感謝してます」と言うと、因果が消えて、より一層しあわせになる、成功しちゃう人たちが、ホントにたくさんいたんだよね。

ところが最近、世間をぐるっと見渡したとき、波動が変わってきちゃってて。

魂的な修行が、「感謝してます」から、「威張《エバ》っちゃイケない、ナメられちゃイケない」に変わってきた。

今、起きてる問題は、「感謝してます」では埒《らち》があかないケースがほとんど。「威張っちゃいけない、ナメられちゃいけない」を念頭に置いて、答えを出すと、しあわせで、成功するんです。

威張っちゃイケなくて、ナメられてもイケない、両方やらなきゃいけないって、難しいですね――そうだよ、威張っちゃイケない、ナメられちゃイケないということは、自分の実力をつければいいってことだよ。

ナメられちゃイケないと思ってると、やがて自然と、ナメられないで対処できるようになるしね。

威張っちゃイケないと思っていれば、人に威張らない。

この二つができるようになったとき、あなたには本当の実力がついて、世間から絶大なる信頼を勝ちとることができる。

難しい反面、非常にやりがいのある修行だし、ホントに魂が喜ぶような挑戦です。

楽しくワクワクしながら、一日一〇〇回「威張っちゃイケない、ナメられちゃイケない」を唱えてみるといいですよ。

成功の道を歩き続けるあなたとともに。

斎藤一人

編集協力――SAYURI

さいとうひとり公式ブログ
http://saitou-hitori.jugem.jp/
一人さんが毎日あなたのために、ついてる言葉を、日替わりで載せてくれています。愛の詩も毎日更新されます。ときには、一人さんからのメッセージも入りますので、ぜひ、遊びに来てください。

お弟子さんたちの楽しい会

♥斎藤一人　一番弟子――――――――――――――柴村恵美子
恵美子社長のブログ　http://ameblo.jp/tuiteru-emiko/
恵美子社長のツイッター　http://twitter.com/shibamura_emiko
ＰＣ　http://shibamuraemiko.com/

♥斎藤一人　ふとどきふらちな女神さま――――――舛岡はなゑ
http://ameblo.jp/tsuki-4978/

♥斎藤一人　みっちゃん先生公式ブログ――――みっちゃん先生
http://mitchansensei.jugem.jp/

♥斎藤一人　芸能人より目立つ!! 365日モテモテ♡コーディネート♪
――――――――――――――――――――――宮本真由美
http://ameblo.jp/mm4900/

♥斎藤一人　おもしろおかしく♪だから仲良く☆――――千葉純一
http://ameblo.jp/chiba4900/

♥斎藤一人　のぶちゃんの絵日記――――――――――宇野信行
http://ameblo.jp/nobuyuki4499/

♥斎藤一人　感謝のブログ　４匹の猫と友に――――――遠藤忠夫
http://ameblo.jp/ukon-azuki/

♥斎藤一人　今日一日、奉仕のつもりで働く会――――芦川勝代
http://www.maachan.com/

♥ひかりライフ――――――――――――――――――たかつりえ
http://blog.rie-hikari.com/

♥いつも顔晴る笑顔が一番 おがちゃんブログ――――尾形幸弘
http://ameblo.jp/mukarayu-ogata/

ひとりさんファンの集まるお店

全国から一人さんファンの集まるお店があります。みんな一人さんの本の話をしたり、ＣＤの話をしたりして楽しいときを過ごしています。近くまで来たら、ぜひ、遊びに来てください。ただし、申し訳ありませんが、一人さんの本を読むか、ＣＤを聞いてファンになった人しか入れません。

新店住所：東京都葛飾区新小岩1-54-5　１階　電話：03-3654-4949
行き方：ＪＲ新小岩駅南口のルミエール商店街を直進。歩いて約３分
営業時間：朝10時から夜８時まで。年中無休

各地のひとりさんスポット

ひとりさん観音：瑞宝山　総林寺
住所：北海道河東郡上士幌町字上士幌東４線247番地
☎01564-2-2523
ついてる鳥居：最上三十三観音第二番　山寺千手院
住所：山形県山形市大字山寺4753　☎023-695-2845

観音様までの楽しいマップ

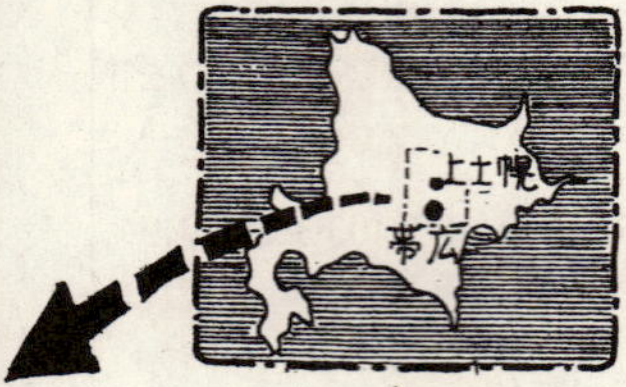

★観音様

ひとりさんの寄付により、夜になるとライトアップして、観音様がオレンジ色に浮かびあがり、幻想的です。

③上士幌

上士幌町は柴村恵美子が生まれた町。そしてバルーンの町で有名です。8月上旬になると、全国からバルーニストが大集合。様々な競技に腕を競い合います。体験試乗もできます。ひとりさんが、安全に楽しく気球に乗れるようにと願いを込めて観音様の手に気球をのせています。

①愛国←→幸福駅

『愛の国から幸福へ』この切符を手にすると幸せを手にするといわれ、スゴイ人気です。ここでとれるじゃがいも・野菜・etcは幸せを呼ぶ食物かも！特にとうもろこしのとれる季節には、もぎたてをその場で茹でて売っていることもあり、あまりのおいしさに幸せを感じちゃいます。

②十勝ワイン（池田駅）

ひとりさんは、ワイン通といわれています そのひとりさんが大好きな十勝ワインを売っている十勝ワイン城があります

★十勝はあずきが有名で『赤い宝石』と呼ばれています。

④ナイタイ高原

ナイタイ高原は、日本一広く大きい牧場です。牛や馬、そして羊もたくさんいちゃうのヨ。そこから見渡す景色は雄大で感動!!の一言です。ひとりさんも好きなこの場所は行ってみる価値あり。

牧場の一番てっぺんにはロッジがあります（レストラン有）。そこで、ジンギスカン焼肉・バーベキューをしながらビールを飲むとオイシイヨ!とってもハッピーになれちゃいます。それにソフトクリームがメチャオイシイ。2ケはいけちゃいますヨ。

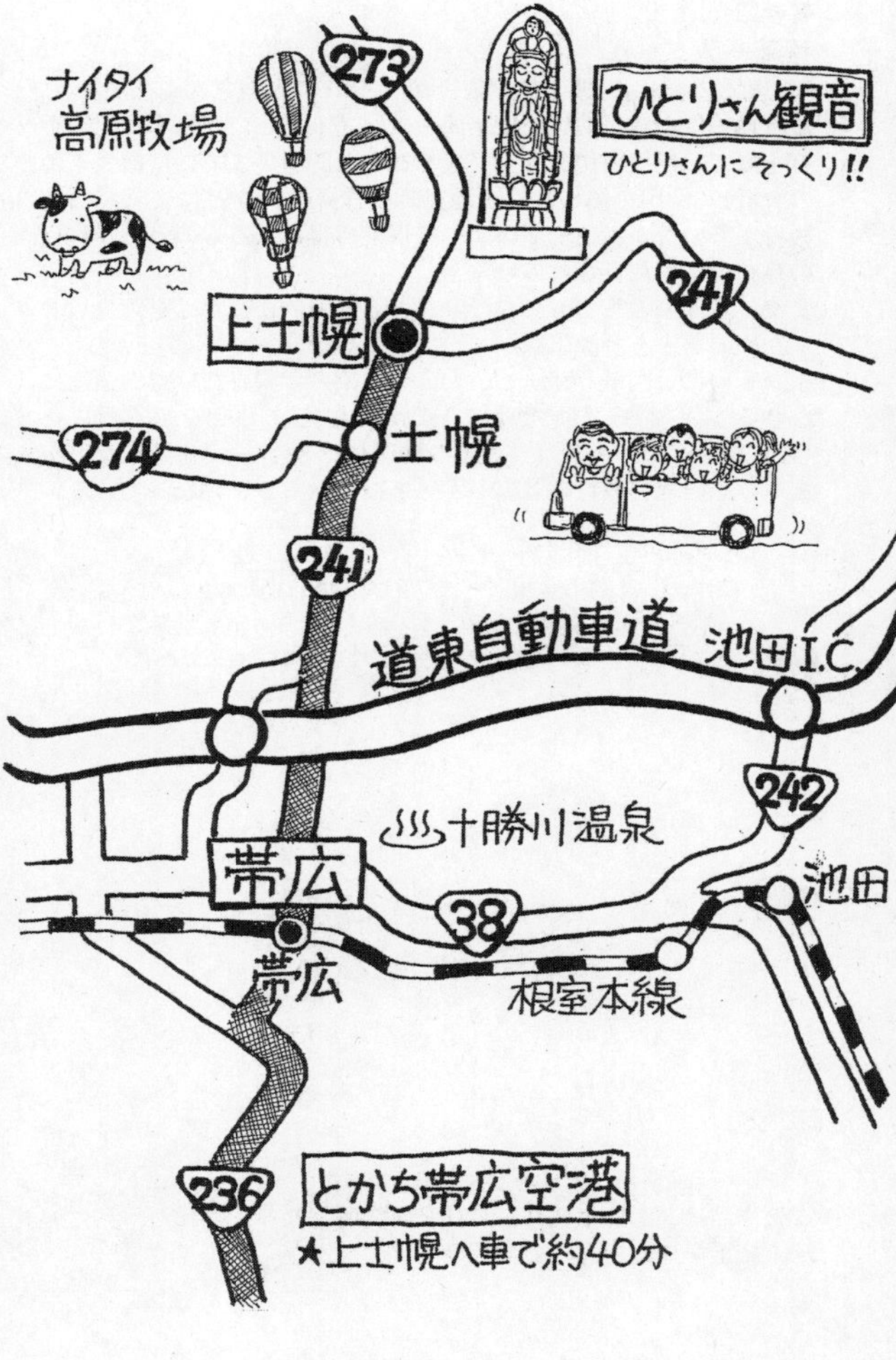

ナイタイ
高原牧場
273
ひとりさん観音
ひとりさんにそっくり!!
241
上士幌
274
士幌
241
道東自動車道
池田I.C.
242
十勝川温泉
帯広
38
池田
帯広
根室本線
236
とかち帯広空港
★上士幌へ車で約40分

著者紹介

斎藤一人（さいとう　ひとり）

「銀座まるかん」創設者で納税額日本一の実業家として知られる。1993年から、納税額12年間連続ベスト10という日本新記録を打ち立て、累積納税額も、発表を終えた2004年までに、前人未踏の合計173億円を納めた。土地売却や株式公開などによる高額納税者が多いなか、納税額はすべて事業所得によるものという異色の存在として注目されている。

また、著作家としても、心の楽しさと経済的な豊かさを両立させるための著書を多数出版。

主な著書に『図解 斎藤一人 大富豪が教える読むだけで、強運になれる本』（ＰＨＰ研究所）、『斎藤一人 しあわせを招くねこ』（ＫＫロングセラーズ）、『お金の真理』（サンマーク出版）などがある。その他、多数の著書がすべてベストセラーになっている。

この作品は、2013年３月にＰＨＰ研究所より刊行された作品に加筆・修正を加えたものです。

PHP文庫　人生に成功したい人が読む本

2017年2月15日　第1版第1刷

著者	斎藤一人
発行者	岡修平
発行所	株式会社PHP研究所
東京本部	〒135-8137　江東区豊洲5-6-52
	文庫出版部　☎03-3520-9617(編集)
	普及一部　☎03-3520-9630(販売)
京都本部	〒601-8411　京都市南区西九条北ノ内町11
PHP INTERFACE	http://www.php.co.jp/
組版	株式会社PHPエディターズ・グループ
印刷所 製本所	図書印刷株式会社

ISBN978-4-569-76687-4

PHPの本

図解 斎藤一人 がんばらないでお金も人も引き寄せる人の法則

柴村恵美子 著

特別なことをしないで人やお金を引き寄せる人がいます。一体、何が違うのでしょうか。斎藤一人流無理をしないで思い通りの人生を生きるコツ。

【A4判変型】 定価 本体八〇〇円(税別)

PHPの本

絶対、よくなる！

斎藤一人 著

気づいていますか？ あなたの人生、すでにウマくいっているのです。あなたが気づいていないだけ。あなたがそこに気づけば、人生、必ずよくなるんです！

【B6判変型】 定価 本体一、〇〇〇円（税別）

PHPの本

図解 斎藤一人 大富豪が教える読むだけで、強運になれる本

斎藤一人 著

累積納税額日本一の実業家、斎藤一人さんが紹介する「強運」の法則。読めば誰でも、一生強運が続くようになる一冊。

【B5判】 定価 本体八〇〇円（税別）